なぜ日本は破綻寸前なのに円高なのか

藤巻健史

GENTOSHA

はじめに

「日本は財政破綻寸前で大震災も経験したのに、どうして今こんなに円が強いの？」

「フジマキさんは『円は国力の通信簿』と言うけれど、日本は今、国力が弱いのではないの？　それなのに、なぜこんなに円が強いの？」

「円はいつ大暴落するの？」

「『1ドル50円』などと言う人もいるけど、フジマキさんはどう思うの？」

というようなご質問を最近、頻繁に受けます。それにお答えしようというのが、この本です。それだけではなく、「個人はいかにお金を守ればいいのか」についても述べていきたいと思います。

私は今、**円と国債がバブルの極限で、はじける寸前**だと思っています。

この状態が長く続くはずはないのです。

1980年代後半、日本がバブル真っただ中にある時、大部分の人は「地価や株価は永遠に上がり続ける」と思っていたはずです。疑問を感じていた人たちがいたとしても、「いずれは破裂するかもしれないが、まだしばらくは大丈夫だ」と思っていたはずです。しかし、**バブルは突然はじけ、多くの人が甚大な被害を受けた**のです。

今回も、同じことが繰り返されると思います。

当時は土地、株のバブルで、今回は、円と国債のバブルだ、という違いだけです。

円は「避難通貨」だと言われていますが、完璧な誤解です。

今、円を保有している人は「豪雨の時に、がけ崩れを起こしそうな崖下の廃屋で雨宿りをしている」ようなものなのです。

今は、円という風船が極限まで膨らんだバブル状態です。表面が非常に薄くなっている時は、ほんの些細なきっかけでも、風船は破裂します。別に、太い針でなくてもいいのです。

一方で、日本国債の入札時に、国債が完売できないという未達が起きれば、それが太い針となって日本財政が破綻し、円も間違いなく大暴落します。

財政破綻の可能性については、2011年6月に上梓した拙著、『マネー避難』に書きましたので、そちらをご参照ください。

また、2012年はヘッジファンドが、日本国債市場と同様、為替の世界でもイニシアチブをとる可能性もあります。彼らが本気になって襲いかかってくれば、日本国債マーケットを債券先物の売りで暴落させることも（現物市場より格段に大きい先物市場では、売り先行がいとも簡単です）、そして円を暴落させることも可能です。それだけのエネルギーを彼らは持っています。

現在、日本人の多くは、日本で働きながら、円預金と日本株を持ち、年金をあてにして生活をしています。円預金については、お金を預かった金融機関がかなりの部分を国債購入にあてていますから、日本人の大半が間接的に日本国債を大量に保有しているとも言えます。

これは、まさに倒産しそうな会社に勤めていながら、自社の社内預金と自分の会社の株式だけで資産を持っているようなものです。会社が倒産すれば、仕事も財産もなくすのです。ただ、この場合は失業保険も出ますし、年金は確保されます。

しかし、国の破綻に伴う社会的混乱の中では、失業保険や年金さえ期待できなくなります。ですから海外分散投資をして自分で自分の身を守らなければならないのです。

この本には、なぜここまで円高が進んでしまったのかの理由も書いてあります。それが理解できれば、**「いかに円が不合理に高くなってしまったか」**、そして**「まさに円は暴落寸前」**であることを理解していただけるかと思います。

個人も、うかうかしている時ではないのです。

ここまで財政赤字が膨らむと、近々財政は破綻し、深く暗い闇の時代は不可避だと思います。

しかし、同時に起こる円の大暴落の結果、先のことになるとはいえ、日本経済は復活することになるでしょう。日本の将来は明るい。だからこそ、その前の深くて暗い時代を、海外分散投資によって生き延びようではありませんか。

円高や円安の仕組み、つまり「為替」は、自分の財産を守る上でも、日本経済が大回復をする上でも最重要項目です。

本書には、付録として「為替の授業」の章もありますので、ぜひとも為替についての理解も深めてもらいたいと思います。

なぜ日本は破綻寸前なのに
円高なのか

Contents

Part 1

国力が弱いのになぜ円は強いままなのか

Part 2 それでも2012年が円安になる理由

Part 3 個人はどう対処したらよいか

Part 4 円安政策、時すでに遅し

Part 5 一足先に地獄をみた国々

Part 6 諸悪の根源は円高にあり

Part 7 金融・為替に関するトンデモない誤解と嘘

付録 世界一わかりやすい「為替」の授業

装丁／萩原弦一郎（デジカル）
カバー写真／ヤマグチタカヒロ
DTP／美創

Part 1

国力が弱いのになぜ円は強いままなのか

為替は国力の通信簿です。しかし、今の日本は「実力が1なのに評価で5をもらっている」状況。だから最悪なのです。

最初に、「なぜそういう状況が続いているのか?」ということを考えてみましょう。

最近、非常に多くの方から、この質問を受けます。今回本を書いた目的は、その理由をお話ししようと思ったからでもあります。

円が「避難通貨」と誤解され、買われた反動は必ず来る!

最近、「欧州債務危機が勃発したから、円が避難通貨として買われている」と言われています。

ユーロが駄目、ドルも危ないから「円が避難通貨として買われている」というのです。私は、「冗談じゃない」と思います。

私は、「円が避難通貨として買われている」のではなくて、**「円が避難通貨と〝誤解〟されて買われている」**に修正せよ、と言っています。

「円は相対的に強い」と、一時的に誤解されているだけだと思うのです。

円買いは危ない。

今、円を買う人は、まさに「豪雨の時に、崖崩れを起こしそうな崖下の廃屋に逃げ込むようなもの」なのです。

「崖崩れしそうだったら、事前に察知すれば逃げられる」と思っているプロの投資家がいるかもしれませんが、**「プロでさえ逃げ切る時間はないぞ」**と思っています。

「円が避難通貨だ」と思っている人は、誤解しているだけなのです。

たしかに欧州の債務危機がありますから、ユーロは危ないと思います。

しかし、日本の財政危機は、ユーロ諸国より格段に深刻なのです。

先日、英国の国営放送であるBBCからインタビューを申し込まれました。「安住財務相が、『ヨーロッパを助けるために日本とアメリカで何かをしよう』と提案していましたが、どんなことができるのでしょうか？」という内容とのことでした。

しかし、私は2011年の夏にNHKの「実践！ 英語でしゃべらナイト」に出演して、自分の英語力のなさに辟易《へきえき》しましたから、お断りすることにしました。

ただ、お断りのメールには、「欧州が日本を助けるべき状況であって、日本が欧州を助けるなどおこがましい」と書いておきました。

また、「米国経済が大変だ」という見方については、それこそ単なる誤解にすぎず、私は一貫して、「米国の景気は強い」と思っています。

株価をみれば、はっきりしています。

私は2012年にはNYダウは、市場最高値の1万4164ドル（2007年10月9日の株価）を抜いていくだろうとさえ思っています。

一方の日本は、財政破綻寸前で、いつなんどき、崖崩れのような状況が起きてもおかしくないと思うのです。

お忘れになったかもしれませんが、円は東日本大震災直後に史上最高値をつけています。その時は「日本が危ない」という理由で、史上最高値となったのです。

協調介入により、その後、円は少しだけ安くなりましたが、あの時円が史上最高値をつけたのは、「日本企業が震災による被害対応で、今後、円資金が必要になるから」という理由でした。つまり、「危機に直面した日本企業が、外貨資産を売って、円資金を調達するだろう。だから円が買われる」という理由づけです。

しかしながら、その舌の根が乾かないうちから、今度は「円は強い。避難通貨として買われる」というのです。

円が買われる理由なんて、本当にいい加減なものです。

東日本大震災直後は、日本は「危ないから」という理由で円が買われ、半年後には「避難先に選ばれるほどの強い国」という理由で円が買われたのです。

そんなめちゃくちゃなことがあっていいのでしょうか。

私は投機家が、「危ない」とか「避難通貨」とかうまいことを言って、仕掛けているだけだろうと思っています。

乗せられてしまった人が悪いのですが、**こういう仕掛けだけで動いたマーケットは、いずれ反動が来るものです。**

現在、円と国債はバブルである

次に認識していただきたいのは、**「市場とは、時々刻々と経済状態を反映するものではない」**ということです。

「今の円高の状態は、レベル修正前の一時的な現象だ」と私は思っています。「一時的な」というには、あまりにも長く円高が続きすぎているとは思いますが（苦笑）。

「実体経済が悪いのになぜ今、円が強いのか」という質問に対しての最初の回答は、次のとおりです。

私は現役時代、逆張りを多く行い、「逆張りのフジマキ」と言われたものです。「逆張り」のために「逆張り」をしたわけではありません。この国はマスコミがマーケット予想を先導していると思いますが、その予想が論理的に考えて違うと思う時に

「逆張り」をしたのです。大多数の方が同じ分析をするから正しい、ということではありません。大昔、「太陽が地球の周りをまわっている」とガリレオ以外の世界中の人が信じていましたが、真実は「地球が太陽の周りをまわっている」のです。とくにマーケットでは、そのようなことが頻繁に起こります。だからこそ、逆張りが有効なのです。

1990年にバブルが崩壊する直前まで、ほとんどの人が不動産は未来永劫《えいごう》に上がり続けると思っていたようですし、株も上がり続けると思っていたはずです。

しかし突然、崩れてしまいました。

市場価格が実体経済を反映するまでに、タイムラグがままあるのです。

実体経済以上に、市場価格が異常に高い状態をバブルと言います。

私は、今、**円と国債はバブル**だと思っています。

バブルは、いつか破裂します。パンと割れるようにはじけるのか、空気が抜けて、シューッと多少時間をかけて縮むのかはわかりませんが、近々破裂するのは間違いないと思っています。

だから、**「今、ドルを買うのは、日本の財政破綻に対処する保険と同じだ」**と思いますし、**円高の今は、その保険を安く買えるチャンス**なのです。

今、たった78円で1ドルが買えるわけです（２０１１年12月現在）。１２０円も払わなくても、たったの78円で1ドルが買えるのです。

日本で財政破綻が起きず、経済が真っしぐらに回復していけば、ひょっとすると1ドル60円になるかもしれません。しかし、1ドル78円が1ドル60円になっても18円の損だけです。１ドル１２０円が、１ドル60円になるわけではありません。

ですから今は円が実体経済に合わず、強いおかげで、日本の財政破綻に対しての安い保険を買うチャンスだとも言えるのです。

今の為替マーケットは「嵐の前の静けさ」にすぎないと私は思うのです。

大王製紙問題にみる、日本企業の問題点

なぜ日本は、通貨（円）と実体経済がこんなに長期間、合わないのかという点に関

する私の意見を述べます。

それは、**日本が社会主義的国家**だからです。

円バブルも国債バブルも、日本が社会主義的国家なのが原因なのです。

私は、日本では市場原理が働いていないため、円は変動相場制を採用しているように見せかけて、実は固定相場制だと思っています。

だから資本主義ではなく、社会主義的国家だと言うのです。

少し補足しますと、「規制ばかり、大きな政府、結果平等主義の税制」の国が社会主義国家であり、「規制が少なく、小さな政府、機会平等の税制」の国を資本主義国家と言いますが、日本はどう考えても前者になります。


話は脱線しますが、最近あった大王製紙の事件。あれは前会長も悪いのですが、勝手に会社の金を持ち出すのを許した取締役も悪い。それを許したのは、日本の企業が本当の意味での株主資本主義（株主の利益の最大化を目指す立場）ではなかったからだと思います。

終身雇用制ゆえに、取締役ですら創業者一族の会長に不正を問いただすことができなかったのだと思います。指摘して、もしクビになったら、他に働くあてもなく、仕事を失ってしまうからです。

米国でしたら経営者の監視をきちんとし、その不正行為をとがめた取締役はクビになっても、翌日には競争会社の取締役に引き抜かれているでしょう。取締役は株主の利益を守るのが最大の仕事であり、そういう取締役を株主は欲しがるからです。

米国では終身雇用制はなく、労働市場が流動的ですから、すぐ他社に移れるのです。

大王製紙の事件も、日本固有の社会主義的国家という背景があったからこそ起きた事件で、小手先の対応策を打っても、また同じようなことが起きると思います。

ということで大王製紙の事件も、日本の社会主義的体質が起こした事件だと思いますが、円高も、日本が社会主義的国家であり、市場原理が働かないから続いているのだと思っています。

円高が続いているもう1つの理由は、**日本人があまりに海外投資をしないから**だと思っています。

日本人は世界中の高い利回りの金融商品には目を向けず、ひたすら国内の急落した株式や低金利の日本国債に投資をし続けているのです。

それが円と日本国債のバブルの理由です。「国債の95%を日本人が保有している」ことは、日本国債の価格が崩れにくい理由としてよく使われますが(注/私は誤りだと思います)、私に言わせると、日本国債は外国人にとっては全く興味がない商品だということです。日本国債は、国内投資家に優先販売しているわけではなく、逆に一生懸命、外国人に売ろうとしているのに、この結果だからです。

市場原理が働いていれば、水が高いところから低いところに流れるがごとく、お金は日本から海外に流れていったはずです。海外の方がリターンが高いからです。

それが流れ出ていかなかったのは、市場原理が働かなかったせいです。

ゆうちょ銀行の例で説明します。

ゆうちょ銀行は現在、預かったお金の8割を国債で運用しています。一時は88%も国債で運用していました。

もし、ゆうちょ銀行の株主が利益に敏感であれば、ゆうちょ銀行は1%ちょっとの金利の日本国債なぞで預金を運用していなかったと思います。そんなことをしていたら、間違いなく経営者は株主から、「高い給料を出しているのに、なぜそんな低利回りで運用するのか？　そんなことはお前でなくてもできる、クビだ！」と言われます。

資本主義国家であれば、会社の持ち主は、「株主。以上！」です。他に誰も会社の持ち主なぞいません。株主の意向が最重要であり、株主は間違いなく会社が利益を上げ、株価が高くなることを望んでいます。

一方、日本のような社会主義的国家では、株主は会社が誰のモノか、よくわかりません。ひょっとすると会社は経営者のモノであり、労働組合のモノであり、メインバンクのモノであり、地域社会のモノであり、株主のモノです。こういうケースは、ステークホルダー（利害関係者）がたくさんいると表現されます。

私はNHKのBS放送で「会社は誰のものか？」という討論番組に出たことがあるのですが、テーマについてアメリカ人に話したら、「何それ？」と言われました。そんなテーマが討論番組になること自体が、彼には信じられなかったのです。株主資本主義であれば、会社は株主のものでしかないからです。本当だったら疑問の余地はなく、討論会など成立しないのです。

ところが日本の場合、会社は株主だけのものではありません。会社は労働者のモノでもあるので、雇用が守られることが最優先になります。

かりに倒産しそうな会社に有能な経営者が登場し、みごとに再建したとします。欧米の経営者なら、「多くの人のクビを切って、企業の贅肉を落とした」と自慢します。日本の場合は「1人もクビを切らないで再建しました」とクビ切りをしなかったことを自慢するのです。大変な違いです。国が大株主で、**儲けよという株主からの突き上げがないゆうちょ銀行の場合、経営者にとっては損をしないことが一番重要になります。儲かろうが儲かっていなかろうが、そんなことは二の次です**。儲かっても、何十億円というボーナスが出るわけではないからです。

一方で、損をすれば大きな問題となります。だとすれば、損する可能性が小さい（今後はわかりませんから、「小さかった」と言った方がいいかもしれません）日本国債の購入に専念するのは当然です。

ちなみに、日本がバブルで株式市場が史上最高値をつけた1989年12月末のニューヨークダウは、2753ドルです。本日（2011年12月9日）は1万1997ドルですから4・4倍になっています。

為替は1ドル143円40銭（1989年末）から77円70銭と54％になってはいますが、それでもNY株を買っておけば、円で4・4倍×54％＝2・38倍にも、なっています。

ですから、米ドルへの投資は、3万9150円の史上最高値から8168円と8割も減価してしまった日経平均（2011年11月29日）や、もちろん平均2％ではまわっていないであろう日本国債での運用より、よほどパフォーマンスがよかったのです。

もし日本人が皆、同じようなことを考えていれば、ドル買いが起きて、ドル／円は現状よりはるかに高く、海外投資の利回りはさらによくなっていたはずです。

もちろん、ゆうちょ銀行の経営者を責めているわけではありません。私だってゆうちょ銀行の役員だったら、今の役員と同じ発想で、日本国債を集中的に購入したことでしょう。

ですから経営陣が悪いのではなく、利益を求めようとする市場原理が働かない社会の構造が悪いのです。市場原理が働かない構造が残っているのは、社会主義的国家の特徴なのです。

ゆうちょ銀行が米国の企業であれば、彼らは積極的に海外での運用を考えていたでしょう。株主が「儲けろ！」と絶えず言ってくるので、GDP（国内総生産）が20年間も全く伸びていない日本国内にお金を置いておくことなどできないのです。

日本にはドルを買う主体がいない

このように国内最大の銀行であるゆうちょ銀行は、貿易黒字でたまった資金を、海外に流す役割を果たしてきませんでした。他の日本の銀行（邦銀）はどうかというと、やはり、そのような役割を果たしてこなかったのです。

たしかに邦銀は、米国債をはじめ、外国の国債や社債を多少なりとも持っています。

また、外貨建ての融資も行っています。

しかし、彼らは円をドルに換えて、それを外国の国債の購入原資にあてたり、融資の資金源にするのではなく、外国の金融市場からお金を調達し、その原資にあてているのです。

要は、米国債を買うお金は、米国のドル金融市場から借りてきているのです。

このように、あくまでも為替のリスクを嫌うのです。

ここは、米銀と邦銀の収益力の大きな差だと思っています。もし邦銀も完全な資本主義国家の銀行であれば、低収益では経営陣は株主からつるし上げを喰《く》います。ですが、邦銀ではそんなことは起こりません。邦銀の経営者にとっては、株主よりも財務省や金融庁の方がよほど怖いのでしょう。銀行は「社会の公器」という考えが極めて強いからだと思います。財務省は、邦銀の重要なステークホルダーの1つです。米銀では考えられないことです。

邦銀の首脳陣と米銀の首脳陣の報酬は、天と地ほどに違います。邦銀の首脳陣も、儲かれば米銀の首脳並みのボーナスが出るというのならば、必死になって儲かる道を考えると思います。リスクをとって海外に出て数兆円の純利益を上げて、ボーナスを何十億ももらうという選択をするでしょう。しかしながら、日本は実質的に社会主義的国家ですから、収入格差はいかんのです。儲かってもボーナスに上乗せはされない。それならば安全運転第一で、他行並みの利益をあげればいいや、となるのは道理です。

ちなみに多くの識者は、「邦銀は確実健全な経営をしていたから、近年の危機を乗り越えられたのだ」とおっしゃいます。

たしかにリーマンショックの結果、私が勤めていたモルガン銀行の純利益は、年間1兆円程度へと激減しました。私が勤めていたころの純利益は3兆円とか4兆円とかでしたから、危機のせいで、すさまじいブレーキがかかったのです。

しかし、それでも純利益1兆円は確保しているのです。邦銀で過去純利益1兆円を達成した銀行は、日本が無茶苦茶に元気だった頃の三菱東京UFJ銀行だけだったと私は記憶しています。

日本のメガバンクの2011年の年間純利益予想は数千億円です。危機で利益が激減したとはいえ、米銀の利益の方がはるかに多いのです。

なにはともあれ、ゆうちょ銀行以外の邦銀も、貿易黒字でたまった資金を海外に還流（輸出などで入手したドルを売って手にした円を、再びドルに換えて、ドル資産に投資すること）する主体ではなかったのです。

それでは莫大なる資金量を誇る公的年金はどうでしょう？

たしかに、多少なりとも海外株式等の海外金融商品に投資してはいるようです。

しかし、民間が主体となって運用している米国の年金に比べると、明らかにリスクを取っていません。公が扱っている以上、「リスクを怖がる」のはわかります。ですから、ここも資金を海外に還流させる主体とはなっていないのです。

私は公的年金の運用者を責めているわけではありません。ゆうちょ銀行の場合と同じです。官僚的な組織にいる以上、リスクをとって失敗すると自分の将来がなくなるのですから、しょうがないのです。ましてや日本は終身雇用制で、転職が難しい組織ばかりなのです。そんなところに市場原理は働きません。

それでは、かんぽ生命保険はどうでしょう。かんぽも公ですから、前に述べた他の公の組織と同じです。

唯一、民間の生命保険会社（生保）が日本の貿易黒字の還流主体でした。

しかし、生保のみでは、日本の経常黒字のお金を海外に還流させるには不十分です。残るは個人ですが、個人が直接的に海外投資をしているのは、１４８０兆円の個人金融資産のうち、ほんの数％にすぎません。他の先進国と比べると、非常に小さい割合です。

民間の生保と個人金融資産のごく一部では、海外に資金を還流させるにはあまりに非力です。ですから、ますます円高が進んでしまったのです。日本には市場原理が働く社会的な仕組みがなかったのです。

それどころか、市場原理という言葉を「市場原理主義」と呼んで、忌み嫌ったりしていました。

脱線しますが、「市場原理主義」とは日本発の造語であり、このような造語を作って「市場」を忌み嫌うのは、世界的には極めて異例です。他国は日本とは真逆の方向に動いています。

他国は今回の金融危機を経て、「市場原理主義」の弱点補強で、「よりよい市場主義」を目指しています。

実際に少数の頭のいい人たちが計画的に経済を動かそうとしても、どこかに打算や考えの及ばないところが出てきてしまうものです。それを「市場機能によっていさめよう」というのが資本主義です。資本主義は市場の見えざる手で資源の最適配分がなされるという点で、市場主義とも言えるのです。資本主義は最高のシステムとはいえないが、それに代わるシステムはない、というのが他国の思想です。

一方で、日本には海外に還流していくべきお金はたくさんあったのに、市場原理が働いていなかったのです。その結果、お金が、一番非能率で、一番リターンの低い日本国内に留まってしまい、円高バブルが生じてしまっていると私は思うのです。

資金を海外に還流するシステムが日本では機能していないから、経常黒字を円に転換する、つまりドルを売って円を買う力が圧倒的に優勢で、円高になっているのです。

そこで、登場したのが財務省です。為替介入で、資金を還流させようとしたのです。民間にはドルを還流させるモチベーションの低い組織しか存在しないので、仕方がないから財務省が還流させていたのです。

しかし、財務省が出動して、ドルを還流させると、他国からクレームが来ます。本当は財務大臣がそんなクレームははねのけるべきなのですが、日本人の悪い癖で、十分な主張をせずにひっこんでしまってきたのだと思います。国益ですから、言いたいことは思いっきり言うべきです。それが欧米人との付き合い方です。話せばわかる連中のはずです。

日本で企業不祥事が起きやすい元凶とは

ところで、資金の世界への唯一の還流主体が民間の生保だったと述べましたが、生保も十分に資金を還流していたとは思えません。

その理由の1つは、他の日本の金融機関に関して述べてきたのと同じです。

最近では株式会社に転換する生保もありますが、以前は、生保はすべて株式会社ではありませんでした。ですから、株主のために利益を上げるというモチベーションを前面に出して行動してきたわけではないのです。

もう1つ、時価会計（その時の市場価格で評価すること）の問題があると思います。時価会計ですと、外貨資産を持つと、為替を時価で評価しなくてはいけません。

一方、生保が所有する国内の株や不動産は簿価評価（購入時の価格）ですみました。簿価評価では売却しない限り、損益を計上しなくてすみます。しかし、時価会計の為替では毎日のように損益を計上します。損益がジェットコースターのように上下するのは、経営者にとって極めてつらいことです。どうしてもそういう商品の購入を避けたくなります。ですから海外商品には手が出しにくかったのだと思います。

ちなみに昔、簿価会計論者だった私は、今では完璧な時価会計論者です。たしかに時価会計は私のようなディーラー、そして経営者にとっては、非常につらいシステムです。

しかし、1990年代に米銀が光り輝いていた大きな理由の1つは、時価会計の採用にあると私は確信しています。米銀で幹部として勤めた経験からです。この本では詳しく書きませんが、会計システムとは一企業の行動を変えるだけでなく、一国の経済にも強い影響を与えます。日本人がそれに気がつかないのは、日本の不幸の1つだと思います。オリンパス問題も時価会計が当初から機能していれば、防げたのだと思います。

会社の資産と負債を時価評価する時価会計は、株主にとっても、最も望ましい会計システムです。

家を建てる時や転職する時などは自分の資産が気になると思いますが、その時、保有しているA社の株価は今いくらかな？ とチェックして自分の資産額を計算すると思います。まさかA社株を購入した価格で評価して自分の資産を計算する人はいません。前者が時価評価で、後者が簿価評価です。

株主が時価評価に興味があると言ったのは、それと同じ理由です。米国の企業のように真の株主資本主義ならば、「時価会計」が導入されるのです。それが会社の持ち主である株主の関心に合致するからです。

一方、経営者にとっては簿価会計がよいに決まっています。業績が悪い時の自分の成績が隠せるからです。隠しているうちに事態は改善するだろうと思って、オリンパス問題のように「飛ばし」などに手を出すのです。ところが、いつまでたっても事態が改善しないと、どこかで「大きな損失」がバレて、今回のように事件化するのです。

日本は株主資本主義でないから、経営者に都合のよい簿価会計が採用されてきた。したがって、時価会計を強要される海外投資が進まなかったということです。その点でも、時価会計を徹底させるIFRS（包括利益会計）の早期導入が望まれます。

なぜ日本人はドル預金を敬遠するのか

1997年まで存在した、旧外為法の影響も無視できません。

1997年までは旧外為法があり、個人は海外に直接的に投資はできませんでした。個人が、生命保険を買い、生保会社が海外に投資するという、間接的な海外投資しかできなかったのです。やろうと思えばできたのかもしれませんが、外為法違反は別件逮捕にもよく使われていましたし、為替の取引を頻繁にしていた米銀の支店長だった私でさえ、よくわからない法律でした。

ちなみに別件逮捕とは、他の容疑での検挙が目的なのに、外為法違反でまずはしょっぴいて身柄を確保してしまうことです。法治国家である以上、たしかな違法行為がないと本来は逮捕できないわけですが、皆が知らず知らずに外為法に違反していたがゆえに、まずは逮捕の理由に外為法違反が使われたのだと思います。それほど外為法は理解が難しかったということです。

ですから私自身も、「外為法に抵触しないか?」と怖くて、個人的には海外投資などはできませんでした。一般の方が気楽に海外投資ができたとは思えません。個人は海外投資に全く手が出なかったというのが実態だったと思います。

海外投資ができるようになったのは新外為法ができた1997年からで、個人の海外投資はまだ十数年の歴史しかないのです。ユーロが発足する前のヨーロッパ人のように、大昔から野菜を買うがごとくに外貨を買っていたわけではありません。

ですから、外貨取引には抵抗がある人が多いと思うのです。

また1997年の新外為法発足直後の為替の動きで受けた痛手が、トラウマになっている可能性もあります。

1997年、新外為法ができて、多少なりとも人々は外貨預金などを始めました。

そのせいか、ドル／円は1年間で、115円から147円まで、急速に円安ドル高が進んだのです。

しかし、同時期にロシア危機があり、その結果、ドルが急落しました。

最初にドル投資をした人は、かなり痛い目にあったと思います。彼らはその時、為替は怖いという恐怖感を持ってしまったのだと思います。何事も最初が肝心です。

スキーなども最初に怖い思いをした人は、そこでスキーをあきらめるでしょう。それと同じだと思います。あの時に147円でドルが反転せずに、160円、170円と上昇を続けていれば、「ワーッ、為替は儲かる。おもしろい」となって海外投資が定着したのだと思います。その意味では非常に残念なスタートだったと思います。

しかも、あの時、大蔵省（当時）はこともあろうに、円買いドル売りの介入をしたのです。「許せない」と思いましたね。あの介入は大間違いだったと思います。実は私自身があの時、大量のドルポジション（持ち高）を持っていて、あの介入により大損したので、恨み口調なのです（笑）。

ちょうど、ボスがNYから来ていて、部下も連れて昼間から箱根に遊びに行った時でした。ロープウェーに乗っている時、携帯モニターを見ていたら、ドルがどんどん下がっていく。ドルと一緒にロープウェーから飛び降りたくなりました。

当日、心配した（か、ほくそ笑んでいたのかもしれませんが）友人が我が部署に電話していたらしいのですが、全員がボスと旅行中でしたから、誰も電話口に出ません。

後日、「フジマキさんのところは損が拡大して、全員が夜逃げしたのかと思いましたよ」と言われたものです。

また邦銀には、以前存在した「為替の持ち高規制」の悪影響も残っていると思います。銀行は、決められた限度以上に為替のポジションを持ってはいけませんでした。これは「持ち高規制」と言われます。そこで許されていたポジションの規模は、雀の涙ほどです。

長い間この持ち高規制のもとで育ってきたディーラーが、今、指導的立場にいます。「為替のポジションとは持つものではない」という固定観念がしみ込んでいることと思います。米銀の「為替のポジションは大きく持つべきもの。利益の根源」という発想に対し、邦銀での「為替のポジションは持たない方がいいもの」という発想は、

「為替の持ち高規制」の悪影響なのだとも思うのです。

昔は海外投資のメリットがあまりなかった

今でこそ、それほど日米の金利の差はありませんが、昔はかなりありました。万が一、為替で損をしても、高い金利でその損が相殺されるので、それなりにドル投資をするモチベーションがあったはずなのです。

ここで「あったはず」と書いて、「あった」とは書きませんでした。実はドル金利が当時、日本では極めて低かったのです。例えば同じシティバンクでもNYでドル預金するのと日本でドル預金をするのとでは、えらく金利差があったのです。これでは個人がドル預金をするモチベーションが減じられてしまいます。

なぜNYでのドル預金レートと、日本でのドル預金レートとに、大きな差があったのか？

それは日本では競争がなかったせいだろうと思います。多くの金融機関がドル預金獲得競争に走っていれば、競争原理で日本でのドル金利も、米国内でのドル金利と同じレベルになっていたはずです。

また、海外投資をする際のインフラが整備されていなかったのも、個人の海外投資が伸びなかった理由かと思います。これは証券会社や銀行の責任です。

個人が「米国株を買いたい」と思っても、どうやって買ったらよいかがわからなかったと思います。これは証券会社の怠慢だと思うのですが、米国株式を売ろうと努力していませんでした。米国株は、日本人が株式投資を考える際、絶えず選択肢に入ってくるべき商品だと思うのに、です。

株を買う際、東芝の株にしようか、日立の株にしようか、それともGEの株にしようかと、投資先として日本株と対等に考えるべき商品が米株だと思うのです。アサヒビールにしようか、サントリーにしようか、それともコカ・コーラにしようかと並列に考えるべき商品だったと思うのですが、証券会社はコカ・コーラとサントリーを並列して顧客に示してこなかったのです。

顧客がコカ・コーラ株を買えば、ドル買いが起こりますからドルは上昇します。外国商品売買のインフラが整備されていなかったということと、外国商品売買の手数料が国内商品に比べて多少高かったのも問題だったかと思います。

日本人は、ただでさえ英語ができないとか、為替になじみがないとかというハンディキャップがあったのですから、それを埋め合わせるための努力を証券会社や政府がするべきでした。そうすればもっと個人が海外にお金を流し、円安が進んでいたと思うのです。

また私が「ドルのMMF（マネー・マーケット・ファンド）が海外投資のスタート、基本ですよ」と講演会などで申し上げても、聴衆の方々が言葉も知らなければ、どこで買えるかも知らないことがあります。

ちなみにMMFは、日本の銀行や証券会社、日本にある海外の証券会社や銀行で買えます。もちろん担当者は日本人ですから日本語で大丈夫です。

このような理由が積み重なって、今まで日本人はほんの少ししか海外投資をしてきていないのです。他の先進国では考えられないことだと思います。

政治家の経済音痴も円高の一因

日本の政治家は、かなり経済音痴でしたし、今もそうだと思います。

彼らは、「為替は安定するのがいい」としか言ってこなかったし、きっとそう信じていた（いる）のだと思います。介入するにしても「為替が大きく振れるのは好ましくない」としかコメントしてこなかったのです。

経済学では「変動相場制の方が固定相場制より制度として優れている」と言われているのに、政治家は「安定がいい」と言うだけです。安定がいいのなら、「固定相場制」がベストということになってしまいます。

政治家には「為替は動かない方がいい」と言うばかりか、「円高の方がいい」と思い込んでいた人もいます。１９９０年代初めだったと思いますが、私がモルガンの資金為替部長時代、ある通信社が勉強会をやってくれていました。毎月、外資系金融機関の幹部を10人くらい呼んで、政治家といろんな議論をさせてくれたのです。

私は毎月、必ず「今、円高がいいですか、それとも円安がいいですか」と聞いていたのですが、10人中9人の政治家は、「円高がいい」と答えてきたのです。さすがに最近は、「この時期に円高はまずいよな」とわかってきたと思いますが、その当時は大部分の政治家が、「円高がいい」と思い込んでいたようなのです。

私は一生懸命、「それは違う」と説きましたが、誰も聞く耳を持ってくれませんでした。私は「こりゃ当面、日本は駄目だ」と思って、構造不況が続くという前提でのポジションを持ち続けました。ディーラーとしては成功でしたが、日本のことを考えると嫌になります。政治家が私の言い分を聞いてくれていたら、「日本経済大成長」のシナリオでポジションを張っていたと思うのです。

当時、政治家は、「通貨がいかに日本の経済に影響するか」ということがわかっていませんでした。日本の社会全体がそうだったのかもしれません。

経済の教科書には、景気対策として「財政政策、金融政策、為替政策」があると書いてあるのに、日本には「為替政策」という発想がありませんでした。もしくは、あろうことか、「動かないのがよい為替だ」という間違った政策を打ってきたのです。

「実体経済に合わせて為替は動くべきだ」という為替政策ではなくて、「動かさない方がいい」という為替政策をとってきたのです。大きすぎる間違いでした。

「実体経済に合わせて為替は動くべきだ」とか、「実体経済に比べて円は強すぎる」という私の主張は孤立無援だったわけです。

つい最近、ある方からの薦めで、東京大学大学院人文社会系研究科の盛山《せいやま》和夫教授の『経済成長は不可能なのか』（中公新書）を読んだのですが、その中に以下の文章がありました。

「経済の専門家や世間の人々が明示的に語っていないのが不思議なほどの、ていねいに考えれば当たり前の説がある。その説とは失われた20年のもっとも大きな要因は円高だというものである」

この教授は人文社会がご専門の方です。プロの経済学者でなくても、このように思うのに、なぜプロが気づかないのでしょうか？

さらに同書90ページでこうおっしゃっているのです。


「円高はマクロ経済にとって問題だという認識は今日では世間の常識に近くなっているが、実はこれはつい最近のことである。しかもその認識は広まっているものの、経済学者の専門的な研究で円のレートの動きと日本経済のマクロな動向とを結びつけて理解する試みはほとんどない」


この指摘はまさに正しいのです。

経済学者たちが為替について無関心だったか、知識がなかったせいだと思います。したがって、政治家に進言することもできませんでした。

日本経済の問題の根幹のところを誰も指摘せず、気にも留めていなかったのですから、景気が回復するわけなどなかったのです。

問題点を認識していなかったら、適切な対応策を打てるわけがありません。日本は円高傾向を修正する手段を持っていながら、国にとって重要な問題に取り組んでこなかったのだと思います。

一方で、日本は円高であるがゆえに、能率の悪い輸入産業が存続してしまっているとも思います。建築業とか小売業を含めた輸入業種を甘やかし、それらの業種の構造改革を遅らせてきたのではないでしょうか。

政治家が「円高防止が最大級の国益だ」ということがわかっていなかったのが大きな問題なのですが、わかっていたところでなにかできたか、というとそれも疑問です。日本の歴代の財務（大蔵）大臣は、米国のそれに比べて極めて知識がなかったのです。

米国の場合はルービン、ポールソンなど、ゴールドマン・サックスのCEO出身で、デリバティブも熟知しているプロ中のプロです。もしくはサマーズというハーバードの教授や、ガイトナーという財務省出身の人が財務長官になっています。

一方、日本の財政政策は、大臣に就任して初めて経済学の本を読みましたとか、日本経済新聞を初めて読みました、などという人が担っているのです。

彼らは経済学や金融がわかっていないだけでなく、英語も話せないのです。宮澤喜一さんは英語が話せましたが、他の財務大臣経験者では英語がしゃべれたという人を聞いたことがありません。

そういう方々がG20やG7に出て議論に参加し、「日本には円安が必要だ」と主張できたのか、はなはだ疑問です。

スイス人の友達にこのことを話したら、彼は、「それはよかった」と言うのです。「ああいう場に出てくる大臣連中は経済、金融のプロ中のプロだよ。日本の大臣もプロ中のプロが来ていると思っていた。侃々諤々《かんかんがくがく》の議論の中で日本の大臣が黙っていたのは、英語がしゃべれないせいだろうと思っていた。もし彼らが英語を話せたら、経済も金融も知識が全くないのがバレバレになってしまい、日本は馬鹿にされただろう。英語がしゃべれなくて本当によかったね」と言っていました。

それはともかくとして、要は英語もできず経済の知識もない人たちがそのような会議に行って「円高是正」を主張しても、説得力は微塵《みじん》もないと思うのです。こういう政治家を選んでしまった我々国民の責任は重大です。

その点、中国の政治家は立派だと思います。

中国はアメリカから人民元引き上げのプレッシャーを受けていながら、お茶を濁す程度にしか切り上げていないからです。政治家がきちんと勉強しているわけです。日本が円を切り上げすぎて国力がどんどん落ちていくのをみて、二の舞を演じまいと思っているのでしょうね。だから元を切り上げないのです。経済をきちんと勉強しているのです。

中国の行動をみれば「通貨高はいかに国益に対してマイナスか」がわかるでしょうに、日本の政治家はなぜ気がつかなかったのでしょう?

日本の政治家は、あまりに情けないと思います。

Part 2 それでも2012年が円安になる理由

国債バブルも崩壊する

政府が円安政策をとらないからといって、2012年に円安が起きないわけではありません。起こる確率はかなり高まっていると思います。

そして、**円安が起きる場合は、過激に、かつ一瞬のうちに起きる**と思うのです。第1に、円が現在バブル状態だからです。バブルは大きくなった風船が突然破裂するように、一瞬にしてはじけます。

Part1で述べてきたように、日本は社会主義的な国家だったがゆえに、市場原理が働きませんでした。経済はどんどん弱くなったのに、通貨は強くなってしまったのです。

実体経済よりも、円がこれほどまでに強くなれば、最終的に大きな揺り戻しがあると言わざるを得ません。

１９９７年に起きた、アジア通貨危機がよい例です。

アジア通貨危機とは、１９９７年にタイバーツの管理変動相場制移行をきっかけに生じたアジア通貨の暴落と、それに伴う一連の経済混乱のことをいいます。アジア通貨危機についての詳細は後述しますが、まさに**15年遅れのアジア通貨危機**が、日本で起きると思うのです。

市場が実体経済を反映するには、時間がかかります。

とくに社会主義的だと、バブルが極限まで大きくなり、その調整が起きるまでに時間がかかります。市場原理で微調整ができていない上に、人間の力でコントロールできると誤解して、無理に無理を重ねるからです。

今の日本国債の市場も同じです。**政府や日銀が人為的に介入したから、国債バブルは極限まで大きくなっているのです。**

現在、国債価格が高すぎる（＝長期金利が低すぎる）のです。

今の日本の状態は円バブル、ならびに国債バブルです。真の資本主義国家でしたら、政府は何かと操作しようとも思わないですし、実際にマーケットがでかすぎて操作はできないものです。

以前、日本国債市場で、１９９８年12月に長期金利が０・６％から２・４％まで跳ね上がった（価格は下落）ことがありました。

その時、政府・日銀は大騒ぎしました。そして日銀は長期国債の買い入れ額を増やしました。長期国債の需要（買い）を増やそうとしたわけです。

一方、政府は長期国債の発行を抑えて供給を減らし、２年債とか５年債などの短期国債にシフトして資金繰りを行いました。サンマの豊漁の時に、よけいなサンマを捨ててしまって供給を減らし、その一方で買いを増やすのと同じ原理です。供給を減らして需要を増やしたのですから、値段は上がります。

それと同じことを日本国債に対して行ったわけです。

この操作で、国債市場は一時的に安定を取り戻しました。

しかし、政府の介入により何でも動かせると過信すると、必ず弊害が起きます。通常、政治家が橋をつくれ、子ども手当を増やせ、農業戸別補償をせよ、などと財政出動を要求すると、いっそうの国債発行が必要になり、長期金利は上昇（価格は下落）します。人気取り政治家の施策に、長期金利が適切に警戒警報を鳴らすのです。

そして、長期金利上昇で経済が低迷し、政治家は国民から「お前が金をばら撒《ま》いたからだ」と非難され、次の選挙で国会に戻ってこられなくなっていたものです。

しかし現在、**政府、日銀の介入のせいで、政府がお金をばら撒いても長期金利が上昇しなくなりました。長期金利が警戒警報の電源を切ってしまったからです。**歯の神経を抜いてしまったようなものです。虫歯になっても痛くありません。歯がどんどん腐っていっても、何ら痛みを感じなくなってしまったのです。

それがゆえに加速度的に累積赤字が膨らみ、いつ何時《なんどき》、財政破綻が起きかねない状況になってしまったのです。

１９９７年に橋本龍太郎首相が財政構造法を成立させました。このままいったら財政が破綻すると思ったからこそ、この法律を成立させたのだと思います。

この法案は骨抜きにされた後、小渕恵三内閣の時に実質廃案になってしまいましたが、**その時から借金総額は3倍にも膨れ上がってしまいました。**仮にGDP（国内総生産）が3倍になっていれば、体力も3倍になっているのですから、まだOKでしょう。

しかし情けないことに、この国のGDPは、当時と比べて小さくなってしまっているのです。

このことからもわかるように、日本財政は現在、極めて危ない状況です。その危機的状況の発端は、政府、日銀の介入にあると言いたいのです。

「1998年末の政府・日銀の国債市場への介入」と「1997年と比べて借金が3倍に膨れ上がってしまった」事実とは、相当に強い相関関係があると私は思うのです。

政府や中央銀行が市場に介入してくるのは、社会主義国家です。市場の主要な参加者が政府関係であるのも社会主義国家です。市場原理が働かない仕組みの国家は、まさに社会主義国家そのものです。

そのような社会主義国家のマーケットにはバブルが生じやすく、そのバブルは極限まで大きくなり、そして思いっきりはじけます。

そういう意味で、日本円のマーケットは、日本国債のマーケット同様、極めて危険なバブル状況にあると思うのです。

財政破綻により、円バブルもはじける

円バブルと国債バブルは、何をきっかけにはじけるのでしょうか?

いろいろな契機が考えられます。両者ともここまでバブルが大きくなると、誰かが針で風船に穴をあけなくても、破裂する可能性があります。誰かがバブルという風船の表面をこすっただけでも、破裂するかもしれません。また、単に膨らみすぎた風船の表面が薄くなりすぎて、何の刺激がなくても破裂するかもしれません。

一方で、**日本国債の入札時に、国債が完売できないという未達《みたつ》は、風船に突き刺す「太い針」になります。**

これが起き、そのニュースが流れれば、数秒後に国債も円も、そして株式も大暴落

です。

株式市場は、これまでに、それなりの価格下落が起きていますから、下落するといっても〝そこそこ〟でしょう（といっても、その〝そこそこ〟も、かなり大きいとは思います）。

しかし、**バブルだった円と国債市場の急落は、すさまじいだろうと思うのです。財政破綻した国のお金など、誰もいりません。**

日本では今、円だけでなく外貨での支払いも認められています。そこでもし、財政破綻が起きれば、〝1個5ドル〟というように、日本のマクドナルドも商品をドルでしか売ってくれなくなるかもしれません。財政破綻した国の通貨など誰もいらないからです。円で受け取ってくれたとしても、500円だったものが5000円になるかもしれません。輸入する原材料の肉やレタスや小麦を買うのに、（例えば）1ドル＝1000円が必要となるかもしれないからです。500円のままなら、マクドナルドにとって採算割れになってしまうからです。

日銀券（紙幣）は、現在、兌換《だかん》紙幣ではありません。日銀に日銀券を持ちこんでも、金《きん》と換えてはくれないのです。日銀券は日銀の信用のもとに価値があるのです。倒産した国の中央銀行は信用を失います。ですから、その中央銀行が発行する日銀券も信用を失うのです。

また、日銀の最大保有資産は日本国債です。資産が紙くずになった日銀が発行する通貨など、誰が信用するでしょうか？　日銀券を日銀に持ちこんだ際、「金《きん》はないから、代わりに日本国債をあげる」と言われたって、そんなもの使いようがありません。

「通貨とは国の通信簿だ」と私は常に言っています。

今の日本は実力が1なのに、評価で5がついているのです。

しかし、財政破綻が起きれば、さすがに評価は実力を表すようになるでしょう。実力が1ですから、評価も1です。**つまり、円の暴落です。**

私は、財政破綻が2012年に起きても、全くおかしくないと思っています。もし2012年に起きなくても、数年以内には起きると思っています。

だからこそ、円の暴落は近いと言っているのです。

ハイパーインフレで円安になる

前項で、国債の未達が近々起きる可能性が高いと書きました。

国債の未達が起きると、政府に必要なお金が不足しますから、政府機能がマヒします。子ども手当も、国債の金利支払いも、国家公務員の給料も、福島原発の事故対応費用の補助も、被災地への援助も、その他諸々の支払いも滞ります。政府機能のシャットダウン（閉鎖）です。

しかし、さすがに政府や日銀は、その事態は避けると思うのです。詳しいことは他の本で書きましたので端折《はしょ》りますが、簡単に述べますと、日銀が、今は禁じ手の国債引き受けを行うと思うのです。

国債引き受けなど、とんでもない政策ですが、止《や》むを得ずに実施することになると思うのです。民間金融機関が国債を買い切れなくなれば、余りを日本銀行が買い取るしか方法がないのです。

その場合、日銀が輪転機をフル稼働させて紙幣を刷り、その紙幣で国債を買うことになります。それにより政府は、子ども手当や国家公務員の給料に使うお金を手に入れることになります。

しかし問題は、日本中に、日銀が輪転機を回して刷ったお金をばら撒くことです。**これにより、日本は間違いなく、ハイパーインフレ（ものすごいインフレ）になります。**

薩摩藩が大坂の商人から鉄砲を買うのに、お金が足りなくなったからといって裏で藩札をどんどん刷り、その藩札を大坂商人に渡していたら、どうなるでしょう？

大坂商人はいずれは、「そんなものに価値はない」と言って、受け取りを拒否するでしょう。受け取るにしたって、今までは「藩札1枚でいい」と言っていたものを、「2枚よこせ」と要求するようになるでしょう。藩札の価値の下落です。それと全く同じです。

お金がジャブジャブになれば、お金の価値は下がります。1万円札があっても何も買えない。1万円札の価値が下がるということは、お金の価値が下がるということです。日本において、お金とは〝円〟のことです。「お金の価値が下がる」ということは、「円の価値が下がる」ことですから、当然、円安／ドル高になります。

だから私は「日本はハイパーインフレになる。強烈な円安／ドル高になる」と言っているのです。

ちなみに、このような事態が起きれば、長期金利が急騰すると思いますが、そうなると政府は金利支払いで大変なことになります。

一方で、いくら金利支払いが増えても、（あくまで極端な例ですが）タクシー初乗りが９兆円になれば、累積赤字の９４４兆円の借金などゴミになります。

ということで、ハイパーインフレが起これば、日本政府は財政的に生き延びられるのです。

しかしこれは、国民の財産を、国家が吸い取ったことになります。

税金という形こそ取っていませんが、政府が国民の財産を没収してしまうことに変わりはありません。

これは、日本の財政破綻と同じです。**「財政破綻」と「財政破綻の回避のために、**

ハイパーインフレが来る」のとでは、国民の不幸度に差はないのです。

〝継続的なインフレの過程で、政府はこっそりと、気づかれないうちに国民の富の重要な部分を没収できる〟という**ケインズの言葉**を思い出すべきです。

以上の意味で、ハイパーインフレと財政破綻とは同義語なのです。

今の財政を考えると、どういうプロセスを踏むにしても、「円安／ドル高」になるだろう、と思うわけです。

「財政破綻するから円安になる」とも言えるし、「財政破綻を回避するためにインフレになるから円安になる」とも言えるのです。

Part 3

個人はどう対処したらよいか

海外へ資産を避難させよ

自分の会社が破産しそうな時、皆さんだったらどうしますか?

自分の会社を愛していれば、倒産するまで勤め続けるかもしれません。

しかし、せめて、その会社の社内預金は引き下ろして、別の銀行に預け替えるだろうし、自社株は売って他の株に買い替えるだろうと思います。

多くの日本人は日本で働いていますから、ほとんどの資産を円で持っています。

忘れてはいけないのは、将来受け取る年金も、円だということです。

それから、自宅も円資産になります。保有株も日本株のみの人が多いと思います。

まさにつぶれそうな会社に勤めていながら、全財産は、その会社の社内預金と、その会社の自社株のみなんてこと、考えられますか？

現在の日本は、この破産しそうな会社と同じです。日本がつぶれれば仕事はなくなるし、円資産の価値は大幅減です。

従来なら助けてくれるはずの政府も、その時は無力です。

私は日本を愛していますから、たとえ財政破綻しようとも、日本に住み続けるでしょう。しかし、**せめて財産は海外に逃がします。**

これが、**自分の生活を守るという観点から、海外分散投資が重要だと、以前から私が主張している理由です。**

誤解があるといけませんので明確にしておきたいのですが、「財産は海外に逃がす」と言っても、「海外の銀行や証券会社を使え」と言っているわけではありません。

邦銀や日系証券会社、または日本にある外資系銀行の支店で外貨建て商品を買うことをお勧めしているだけですから、簡単なことなのです。難しいことをせよと申し上げているのではないのです。

「それでも年金があるからなんとかなる」なんて思わないでください。

そもそも年金がこれから何十年先までもきちんと支払われるとは思えないですし、仮に名目の年金支給額がそんなに減らないとしても、危険なことに変わりはありません。

というのも、年金を毎月20万円もらっても、ハイパーインフレになってタクシーの初乗りが20万円になれば、1回タクシーに乗るだけで年金は吹っ飛んでしまうからです。

さらには前述したとおり、早ければ2012年にも円が暴落する可能性があると思うのです。

したがって、早めに海外投資をしておくことが重要だと思います。海外資産の購入は火災保険の購入の一種だと考えておくことです。

たとえ為替で損をしても、それは火事が起こらなかった（＝日本で財政破綻が起こらなかった）せいだとあきらめることです。逆に、火事が起こらなかったことを喜んでください。火事が起こらなくて火災保険料を無駄にした、と怒る人はいないと思います。

お金をどこに避難させるかですが、やはりドルを中心として考えるべきだと思います。私は**世界最強の国、米ドルに避難するのが基本**だと思います。この数年間は、財産を防衛する時期なのです。

お金に余裕があれば、先進国の通貨であるカナダドル、オーストラリアドル、スイスフラン、英国ポンドなどへも分散するのが賢明かと思います。

それでもまだお金が残っていたら、ＢＲＩＣｓ諸国（ブラジル、ロシア、インド、中国の４カ国）の通貨がいいでしょう。

暴漢に襲われたら、まず誰に助けを求めるか？

私なら横綱のような強い人に助けを求めます。**病院のベッドに横たわっている人々（ユーロ諸国や日本）や、まだ幼い子どもたち（ＢＲＩＣｓ諸国）ではないのです。**

やはり、政治的、軍事的、経済的に最強のアメリカが横綱だと思います。

しかしながら、一国だけに集中するのは、あまりにも危険です。

ですから、先に述べた先進国への分散投資をお勧めしているのです。

商品の選択についてですが、まずは外貨投資をすることが重要なのであって、どの商品にするかは、この際あまり重要なことではありません。**海外投資をすることが重要で、それによって1か100かくらいの差が出てきます。**商品選択については、せいぜい100が110になるか90になるかの違いしかありません。

基本は外貨建てMMF（マネー・マーケット・ファンド）がよいと思います。短期の国債や優良社債で運用されていて、その通貨での元本割れのリスクは少なく、その通貨で計算すると、ほとんど儲かりもしませんし、損もしません。

しかし、為替の変動の影響は受けます。為替の変動が、最も大きな価格変動要因の商品です。その意味で「円からの避難」をするための基本の商品だと思うのです。

その他、例えばNY株や、海外REIT《リート》（海外不動産投資信託）なども、意外に簡単に買えます。邦銀、日系の証券会社、日本にある外国の銀行、証券会社、どこでも簡単に買えます。もちろん英語を話す必要はありません。

やっぱり投資はドルがいい

「ドルがいい」と言うと、いろいろな人から、あれやこれやと言われます。

「米国は景気回復のためにドル安政策をとりそうだから、ドルは駄目だと思います」

「米国は格下げになったから、ドルは危ないと思います」

「米国は国債発行枠の上限問題が政治的に決着がつきそうもないから、ドルは先行きがあやしいと思います」

「米国は双子の赤字で悩まされているから、ドルは買うべきではないと思います」

「米国はいずれインフレになるから、ドルは危険だと思います」

等々……。

しかし、まず申し上げたいのは、**ドルは世界の基軸通貨**だということです。

基軸通貨を持つということは、最高の国益です。

米国の農業団体は、米国産農産物を輸出したいからドル安を主張しますし、自動車の労働組合は車を輸出し、仕事を確保したいからドル安を主張します。それらの地を選挙基盤にしている政治家は、「ハイハイ」と聞くでしょう。

しかし、そうはいっても米国は、「基軸通貨」という立場を失うわけにはいきません。自国通貨が世界の基軸通貨であれば、輪転機を回してドル紙幣を刷るだけで、世界の富を手に入れることができるからです。働かなくても輪転機を回せば世界の富が手に入るなど、こんなにおいしい話はありません。

ですからドルが基軸という立場を保有し続けることは、米国にとって最重要課題なのです。

基軸通貨であり続けるためには、その通貨は強くなくてはいけません。輸出をして得た通貨がどんどん減価していくのなら、その通貨での支払いを拒否することになるでしょう。

減価を続ける通貨は、基軸通貨であり続けることはできないのです。その点からして、米国はドルの価値を全力で守るのです。

米国よりも日本やユーロ圏の財政の方がよっぽど悪い！

次にお話ししておきたいことは、**先ほど並べたドルに対する危惧は、なにもドルだけに当てはまるものではない、という点です。**

ユーロや円、ポンドにも当てはまる危惧なのです。

ということは、ドル暴落論者の主張は、**「すべての通貨は弱くなる。すなわち世界的にインフレが起きる」**と主張しているように私には聞こえます。

そうは言っても、為替とは2国間の通貨の強弱で決まります。どちらがより弱くなるかの話です。そう考えると、**米国の弱点が、他の国よりも深刻かというと、私は決してそうだとは思えないのです。**

例えば、「双子の赤字だからドルは弱くなる」という議論ですが、**財政状況はヨーロッパや日本の方がよほど悪いのです。**ちなみに双子の赤字とは、財政と経常収支がともに赤字だということです。

たしかに2011年7月に、米国は「国債発行上限枠を引き上げるかどうか」で大騒ぎしました。この時、「米国が財政破綻する」と騒いでいた識者もいました。

しかし、これは「国債を買う資金が存在しなくなる」という危機ではありません。「このままいくと財政赤字が膨れ上がって大変なことになるから、国債発行上限枠を引き上げましょう」「いや、駄目だ」という論争だったのです。

その意味では、単なる政治問題です。上限枠さえ上げれば、さらなる国債発行はでき、発行できれば、簡単に国債は消化できるのです。

日本のように国債を買う資金がなくなるかもしれないという危機とは、全くレベルが違うのです。日本とアメリカは借金額がほぼ同じですが、GDPはアメリカが日本の約3倍です。アメリカの方が3倍も体力があるのに、借金額が日本と同じなのです。

孫正義さんと私の資産は1桁も2桁も、ひょっとすると3桁も違うでしょうが、借金額は同じだとします。「どちらが銀行の与信先として危険ですか？」という質問と同じです。

双子の赤字のもう1つは経常収支の問題ですが、先ほど述べたように、ドルは基軸通貨です。世界経済が5％成長するなら、世界ではドルが5％よけいに必要になります。そうしないとドル不足になって、世界がデフレになってしまうからです。なぜデフレになるかというと、ドル不足で、ドル（お金）の価値が上がるからです。

ですから、米国は世界経済の成長に合わせて、ドルを供給し続けなければなりません。デフレは経済に対し、かなり強烈な下押し要因です。

米国が経常黒字に変わってしまうと、世界はドル不足になってしまうのです。逆の言い方をすると、世界中の国がドルを必要としているので、米国は経常赤字により、ドルを垂れ流さなければいけないのです。その意味で、経常赤字だからドルが安くなるという論理はおかしいのです。この論理が正しいのは、世界経済の成長以上に米国がドルを垂れ流している時だけです。

米国自身の問題を考えてみましょう。

経常赤字だと、国内の資金が足りなくなるのですから、海外からの資本の流入を図らなければなりません。その流入資本に対しては、当然配当金や利息を払わなければならないのです。経常赤字国では、国民の獲得したお金が、働けど働けど、利子や配当金として国外に流出してしまうという問題が発生します。それが経常赤字国の大きな問題なのです。

しかし、米国人はリスクをとることを好む国民です。したがって、対外投資ではリスクをとっているので、高い利回りや利子を得ています。ハイリスク・ハイリターンの市場原則からして、当たり前の結果です。

一方、入ってくる投資資本は、日本からのように、米国債のような安全志向の資金ばかりに向かっています。少ない支払い金利で済みます。

要は、経常赤字国でありながら、出ていく配当金・利息よりも、入ってくる配当金・利息の方が大きいのです。これは他の経常赤字国とは真逆です。

したがって、投資資金が米国内に流入していても、米国人が「働けど働けど、それがすべて外に流れ出てしまう」という事態にはなっていないのです。したがって現在、米国は経常赤字でも、何ら困らないのです。

ということで、ドル暴落説の根拠は、私はかなり希薄だと思っています。

ユーロが崩壊したらどうなるか

ユーロは、ユーロ圏内の国々において通貨を統一しているわけですから、実質的に固定相場制をとっていることになります。

ですから、いずれは崩壊すると思っています。

仮に欧州債務危機が一時的に鎮静化しようとも、**固定相場制に無理がある以上、問題は再燃し、遅かれ早かれ、ユーロは崩壊すると思います。**そういうところに、私はお金を避難させません。

ドイツやフランスは、国力という観点からはマネー避難先の対象に入れてもいいのですが、なにせユーロが危険です。ユーロが分解した時のリスクが読めません。ですから、私は敬遠します。

ドイツの長期金利が上昇していると聞きますが、ドイツの経済を心配しているというよりは、ユーロという通貨の将来を心配しているせいなのだと思います。

日本ではあまり取り上げられていないようですが、ユーロを維持するために、ユーロ諸国を2つのグループ分けにしてはどうかという議論が欧米にはあります。

1つのグループは経済的に強い国のグループで、1つの国にしてしまう。もう1つのグループは弱い国グループで、トレーディング・パートナーにすぎないグループ、すなわち単なる仲よしグループとするというアイディアです。

固定相場制というのは、1つの国になる、すなわち財政を一緒にしないと、維持は難しいのです。

ギリシャが危機に陥った時、ドイツ人が自らの税金でギリシャを助けるかというと、正直難しいと思います。

「ドイツは豊かだけれど、ギリシャは貧しいから助けるべきだ」などという日本のような「格差是正論」は、国境を越えたら通用しないのです。「怠慢なギリシャ人のために、なぜ我々の税金を使うのだ」という不満が、すでにドイツに充満していると聞きます。

固定相場制にすると、「各国が金融政策を放棄せざるを得なくなる」ので維持が難しい。それを乗り切るためには1つの国になることが不可欠となると、「ユーロは崩壊する」か、「1つの国になるか」の二者択一しかないと思うのです。

その点、2つのグループに分けて、経済的に強い国だけで1つの国をつくり、もう1つの仲よしグループの方は緩い規定だけにする。基準を満たせなくなれば、即ほっぽり出される。すなわち弱い国が出たり入ったりする、というのは1つの解決策かな、とも思います。

ユーロが暴落したら買うべきか

「ユーロがさらに暴落した段階で、ユーロを買うという選択肢はどうか？」とも聞かれますが、私は手を出しません。先ほど述べた2つのグループに分けるというアイディア、可能性があるとはいえ、**木《こ》っ端微塵《ぱみじん》に崩壊してしまう危険性もあるからです。**

ある欧州の有力研究所が、「ユーロをどうやって自然死させるか」についてのアイディアを懸賞金つきで募集しているとも聞きます。

例えば、ユーロが崩壊した時に、ユーロ建てで発行した債券を、復活した通貨、ドイツマルク、フランスフラン、イタリアリラ等でいくらずつ返せばいいのか、などへの解決策を募集しているそうなのです。

ですが、**その時の決定で大損するかもしれない以上、私はユーロへの資金避難は考えません。**

今現在円高が進んでいる理由の1つに、ユーロ問題が関係しているのは間違いないでしょう。3大通貨のうちの1つが崩れそうなのだから、残る2大通貨の1つ、円が一時的に買われても不思議はありません。危ないと感じた日本人が、ユーロ建て資産を売って円に戻しているケースもかなりあるのではないでしょうか。

とはいうものの、**日本円への資金回帰は、かなり終わっていると思います。**

もしそうならば、**次は、より大きな問題を抱えている円からの資金逃避が始まると思うのです。**

誤解してはいけないことは、ユーロが崩壊しても、ユーロの価値がゼロになるわけではないという点です。

ユーロの価値がゼロになったら、ユーロ圏の人たちは全員、文無しになってしまいます。そんなことはありません。崩壊時には、ユーロはドイツマルクやイタリアリラ等、旧通貨に戻されると思いますが、1ユーロとの交換時に、ドイツマルク、ギリシャドラクマ、フランスフラン等を、いくらで手に入れられるかが問題になります。

いずれにせよ、「ギリシャドラクマやイタリアリラをたくさんもらっても、あまり意味ないよな〜」ということになりかねないのです。

ユーロが直ちに解体される可能性は、2012年内はないと思いますが、あと10年、20年持つとは到底思えません。どこかの段階で分解すると思っています。

今回のユーロ問題で注意すべきなのは、「欧州債務危機が起きたから、ユーロ問題が起きた」のではなく**「欧州債務危機で問題が顕在化しただけ」であり、「どんな理由であっても、いずれは崩壊する運命にある」通貨が、ユーロだという点です。**

それに気づかないと「欧州債務危機が終わったら、ユーロは大丈夫だ」と勘違いをして、痛い目にあうと思うのです。

中国の人民元投資はオススメか

「ユーロや円は駄目でも、中国経済は強いから人民元はいいだろう」という声をよく聞きます。

人民元預金は確かにできます。

しかし、**簡単には下ろせない**のが大問題です。

中国政府が為替統制を行っているので、預金預け入れはできますが、引き下ろすには限度があるのです。

中国からの海外送金はできませんし、中国に行って現地で下ろそうと思っても、少額しか下ろせないのです。

デリバティブを使って人民元を取引することはできるようですが、個人ではなかなか難しい。ですから今、中国を米国の代わりの資金避難先とするのは難しいのです。

為替管理がなくなるまで辛抱強く人民元預金を続ける気ならよいでしょうけれど、

そんなこと、いつになるかわかりません。それにあの国は突然、何をやりだすかわからないところがありますから、資金避難先には向かないと思うのです。

人民元は固定相場制と言ってもおかしくないですから、その制度を守るために、資金が外国との間で自由に行き来するのを遮断せざるを得ないのです。

鎖国政策を放棄すれば、ユーロのように固定相場制など無理になります。変動相場制に移行せざるを得なくなりますが、中国は当面そんな政策をとらないでしょう。なにせ、安い人民元を最大限利用して世界の工場にのし上がったのですから、そんなに簡単にその位置を手放すような政策はとらないと思うのです。

日本財政が破綻したら、IMFが入ってくる!?

日本の財政が危機的な状態になったら、最近のイタリアのように、IMF（国際通貨基金）が入ってくると思います。こんな先進国にIMFが乗り込んでくるわけがないと思っている方がいるかもしれませんが、イタリアにも入ったのですし、1997

年には韓国にも入ったのです。韓国に入ったのに日本に入るはずがないと、なぜ断言できるのでしょう?

ＩＭＦが入ってくれれば、「日本には48兆円の歳入しかないのだから、48兆円しか使ってはいけない」というのが最初の指導だと思います。収入に見合った、「身の丈に合った生活」しかできないのは、家庭では当たり前のことです。無駄づかいは許されない。

年金や健康保険などの社会保障は、全部カットされてしまうかもしれません。日本政府は、「日本は世界に冠たる皆保険」と自慢していますが、「だから財政破綻したのだ。他国並みにしろ」と言われれば抵抗できません。そうなると国民は苦しい生活を強いられます。そこで日本人は社会主義的国家では駄目だと気がつくと思うのです。

格差是正ばかりを主張していたから格差はなくなった。しかし貧乏になった。結果的に皆が平等に貧乏になった、と気がつくのです。

「格差是正」を旗印にする分配システムもよいものだ、と思っている方も多いかと思います。しかし、それが成り立っていたのは、48兆円の歳入に対して92兆円も使っていたからです。年金や国家公務員の給料、子ども手当や健康保険、介護保険等々、手厚く政府が金をばら撒いていたからできたことなのです。

年金や健康保険等がすべてなくなった時、「いい生活をしている」と国民は思えるでしょうか？　きっと国民全体が「平等に貧乏になった」ことには耐えられないと気づくのだと思います。ここで初めて資本主義国家の重要性に気がつくと思うのです。

ＩＭＦの手助けがあって、初めて日本は「規制がなく、小さな政府、機会平等の税制」の資本主義国家、そして企業も「真の株主資本主義」に変わると思います。

その結果、競争も激しくなるでしょうし、終身雇用制も崩壊するでしょう。

しかしながら、市場原理が働くようになり、日本は実体経済に合った為替レベルとなります。

こうなると、企業は欧米企業並みの純利益をあげることができます。今の10倍から１００倍の純利益です。「え、10倍から１００倍？」と思われるかもしれませんが、驚くなかれ、それがグローバルスタンダードです。日本企業は現在、世界で断トツに利益があがっていないのです。純利益が10倍になれば、単純計算で法人税も10倍支払うことになります。

２０１１年度当初予算段階での法人税収見積もりは７・８兆円ですから、10倍の法人税収は78兆円です。７・８兆円が78兆円になれば約70兆円の歳入増。今の44兆円の赤字は吹っ飛んでしまいます。財政黒字です。歳入が増えるのなら、歳出も増やせます。手厚い社会保障費も復活です。まさに拡大なくして分配なし！　です。

私は財政破綻後の日本の道筋をこのように描いています。日本財政は破綻した結果、まともな国になるのです。経済学者シュンペーターの言うところの「創造的破壊」を経て、日本は回復するのです。

たしかに、回復前の闇は、深くて暗いです。しょうがありません。社会主義的国家体制を長く続けてきてしまったツケだからです。

しかし、戦後同様、明るい未来を信じれば、日本人は頑張れると思います。少なくとも現在の子どもが社会人になる頃は、非常に明るいと思います。今ある閉塞感は、全くなくなっていると思うのです。

年寄りは海外分散投資を、若者は英語学習を！

前項で、日本は社会主義的体質から脱却し、まともな国になると書きました。そうなると市場原理が働いて、為替も国力を反映することになります。ということは、しばらくの間、円は相当弱いということです。もちろん、その後、経済大回復を反映して円は強くなっていきますが、しばらくの間は円は大幅安です。

ここで若者に告げたいと思います。英語を勉強せよ！　と。

簡単な例をあげて話します。今米国で働くと、5万ドルの年収が得られるとします。1ドル80円の時代には、日本円に換算すると400万円でしかありません。しかし1ドル300円になれば、年収は1500万円です。3年間米国で働きながら節約生活を送って帰国すれば、日本で家が建ちます。この生活プランを実行するためには、英語を勉強しておかなければなりません。

1997年、韓国は通貨危機で地獄をみました。あの時、韓国ではなんと言われていたかご存知ですか?

「英語ができなければ生きていけない」

「外貨を稼げる会社に入らなければ生活できない」

「ソウル大学だけ出ていても駄目だ。米国に留学して英語を身につけなければ、よい生活はできない」

でした。私が留学していた1978年から1980年当時、韓国人は英語が下手でした。私は日本人と韓国人が世界で一番英語が下手だと思ったくらいです。

しかし、あの通貨危機を境に、彼らは英語がすごくうまくなったと聞きます。やっぱり英語を学ぶモチベーションが、強烈に高くなったせいだと思います。

日本も財政が破綻すれば、同じことが言われると思います。

そのことを肝に銘じて、若者にはぜひ、英語を勉強しておいてほしいと思います。

若者は、幸いにも年金をまだあまり払い込んでいません。幸か不幸か、財産もまだ貯まっていないでしょう。

財政破綻が起きても、失うものはないのです。

一時的に失職しても、数年先の景気大回復で再就職できるはずです。未来を見つめて生きていけるのです。

しかし、我々高齢者は、貯めた財産が紙クズになってしまうかもしれませんし、もらうはずの年金が実質なくなってしまうかもしれません。

ですから、ドルを中心とした海外分散投資で、自分の生活を守るしかないのです。

以上が、「我々年寄りは海外分散投資を、若者は英語学習を！」と私が主張する理由なのです。

Part

4

円安政策、時すでに遅し

フジマキの円安論は日本ではユニークだった

私は「円を安くすることがコストが最もかからず、かつ最もパワフルな景気刺激策だ」と十数年間繰り返し述べてきました。それがゆえにMr.円安などと言われたりもしました。

ところで私のことを為替ディーラーと誤解している人がいるのですが、私は為替ディーラーではありません。モルガン時代の私の仕事は社内ヘッジファンドみたいなことで株、債券・金利スワップ等の金利商品、為替とすべての取引をすることでした。為替もやっていましたが、それだけをやっていたわけではありません。ただこの十数年間、年がら年じゅう円安論ばかり述べてきたので、為替ディーラーと間違えられているのでしょう。

そう間違えられるほど、円安論を展開してきたのですが、ずーっと異端児扱いでした。学者の先生も政治家もマスコミも真剣に私の円安論を聞いてくれなかったのです。

しかし、海外では「円安による日本景気回復論」はかなり有力でした。「日本経済はこんなにひどいのだから円安にするしかないではないか」というわけです。

私は日本よりも海外の方で名が通っていましたし、それなりに権威があったので（すみません、自慢みたいで）、私の説が回り回って主流になったかな、とも思います。なにはともあれ、外国人の間では「円安論」はかなり有力だったのです。

1998年9月6日の日経金融新聞の「複眼独眼」に私は以下の文章を書きました。

「最近、欧米の機関投資家やヘッジ・ファンドのオーナー達と、話をする機会があった。そこで感じたのは、欧米と日本の間では『円安問題』に対する認識のギャップが非常に大きいということであった。ある欧州の機関投資家は、『〈円安こそが日本を救う唯一の道だ〉ということは今や世界のコンセンサスである』とまで断言した。彼らの議論の中心は、日本の景気回復の手段としての円安はあたりまえであり、（円安の）結果としてアジア危機が増幅されるのか否かとなっているのだ（以下略）」

また「フィナンシャル・タイムズ」は、2001年7月29日の社説で以下のように書いています。

「（日本の）金融はもっと、大いに緩和しなくてはならない。しかし、この約6年間、金利がほぼゼロであったことを考えると、これは、非常に難しい。金利をカットすることができない以上、唯一日銀に残っている方法は、さらなる流動性の大量供給であり、それにより円安にして、インフレーションを作ることである。安い円は、輸出を刺激し、そして国内需要に貢献し、そしてインフレが、バンキングシステムを危険にさらした負債の実質負担を減少させるのである。貿易相手国、とくにアジア諸国は日本の輸出増加に文句を言うであろう。しかし、それは、そうでない場合、すなわち（藤巻注／円安にならないので日本の景気が回復せず）日本が輸入を全くしなくなる方が、よほどアジア諸国にとって悪い事態なのである」

さらには先日、台湾の黄天麟さんという方から電話をいただきました。その後、黄さんは彼自身の論文のコピーまで送ってくださいました。黄天麟さんは台湾総統府国策顧問で第一商業銀行の会長だった方です。1929年生まれですから、もう80歳を超えているのですが、電話で話していても頭脳明晰《めいせき》で日本語もペラペラでした。「Voice」（PHP研究所）に掲載された私の円安論を読んで感激され、PHP研究所に私の連絡先を問い合わせたようです。

私と全く同じ意見で、「日本の景気回復には円安しかない」という主張でした。

そして、中国の発展が元安のせいであるという点でも全く一致していました。

黄天麟さんの主張の一部を抜粋します。

「アメリカではすでに覚醒しているにもかかわらず、日本は依然として『強い円』の夢に心酔しています」

「円高を是正すれば、日本経済は絶対に立ち直る。日本政府やマスコミは、よく日本単独では円高を抑えることができないと言う。問題は、なぜ中国はできているのに、日本はできないか。今の日本の円高防止は非常に簡単です」

「日本失速の要因は円高だ」

「利益と為替レートは、一国の政府が経済を握る2つの利器と呼ばれている。その中で為替レートは特に有効です。ところが日本は、為替レートの利器を自ら放棄したのです」

「円安しか日本経済を立て直す道はない」という考え方は、これほど外国では一般的だったのにもかかわらず、肝心の日本では「円安論」を説くフジマキはユニークな存在と捉《とら》えられていたのです。大変残念なことでした。

なぜ「通貨戦争」と言われるのか

2011年8月13日の日経新聞3面に、「韓国 ウォン安路線貫く」という大きめの記事があります。「ウォン安路線を貫く」というくらいですから、人為的にウォン安にしているということだと思います。「為替を操作する」ことが、いとも簡単に行えるかの印象を受けます。しかし、日本円の話になると、「諸外国が円安誘導に納得しない」「為替は市場が決めるから動かせない」「為替は米国が決めるのだから動かせない」となるのです。不思議なものです。

日本人は政治家を含め、「為替は動かせない」と思い込んでいます。これは単なる「思い込み」です。学者先生やエセ識者の言うことしか聞かなかったせいです。自他ともに市場人間と言われる私のような実務家に言わせるのなら、この記事にあるように為替は動かせるのです。

たしかに為替のレベルが実体経済のレベルに合っていれば、動かすのは難しいかも

しれません。しかし、今の為替は実体経済レベルと合っていません。実力が1なのに評価で5がついている状態だと前に述べました。それなら単なるレベル修正ですから、簡単にできるのです。国債と同様、円はバブルなのだから、修正は簡単だと言っていたのです（もう手遅れですが）。

世界のニュースや新聞では、最近「カレンシー・ウォー（Currency War／通貨戦争）」という言葉が頻繁に使われています。

「自分の意思で決める」から、「戦争」というのです。ミサイルが他国にぶち込まれても、それが発射装置が壊れ、暴発してしまった結果ならば、これは「戦争」ではなくて「事故」です。

日本政府が他国の反対を無視し、強引に円安に持っていくのなら「戦争」でしょうが、日本政府が何もやらなかったのに大幅円安になった場合は、「円安事故」なのです。

戦争という言葉を使う以上、諸外国政府は自国通貨を安くしようと、いろいろと仕掛けているということです。

米国から圧力がかかっているから為替は動かせない、と思い込んでいる人が大半だったのです。情けない話です。円安誘導は、日本にとって最高の国益問題だったのです。米国であろうと欧州諸国だろうと、どんどん議論をぶつけるべきだったのです。国益のために政治家は戦うべきだったのです。それがグローバル・スタンダードです。先方から責められ、「ハイ」としっぽを後ろ足の間に入れて逃げ帰ってきてはいけなかったのです。

私は、1995年から2000年までモルガン銀行の東京支店長でした。その頃は外資系の金融機関では日本人支店長は私1人でした。まだまだローカル化が進んでいなかったのです。私が支店長に抜擢された理由は、もちろんディーリングで好成績を出していたからではありますが、米国人の言うなりにならず、言うべきことをきちんと言っていたからでもあります。米国大使館にもいろいろ意見を求められたりしましたし、彼らともずいぶん議論をしました。

重要なことは、議論をして、意見を述べ合うことです。こちらが論理的にしゃべり、理があるのならば、十分に意見は通るのです。

とはいえ、残念ながらもう手遅れなのです。

為替介入は有効である

円高方向に回っている歯車を、円安という方向に一回転させる方法として、介入も大いに有効だったと思います。ただ、もう少し大規模に、です。ドル買い／円売りの介入は簡単なのです。売る方の円は自国通貨ですから、簡単に調達できます。

これが逆に、円買い／ドル売り介入だと大変です。外貨準備として保有しているドルが枯渇してしまう可能性があるからです。その残高をみながら、慎重に行わなければなりません。

しかし、日本が行うべき介入は楽な方の円売り／ドル買い介入だったのです。金融緩和にも役立ちます。

ちなみによく「不胎化《ふたいか》介入にしろ」とか「非不胎化介入にしろ」という議論を聞きますが、お金に色がついていないことを考えると、私には建設的な議論とは思えません。

「不胎化／非不胎化」の議論とは、介入で供給した円資金を、日銀がオペレーションで回収すべきか否かの議論です。

また、よく「協調介入でないと意味がない」という意見を聞きますが、私は違うと思います。単独介入でもいい。味方につけるべきなのは他国政府ではなく、日本国民だったからです。介入とは、それを契機に1480兆円の個人金融資産を動かすことが目的だと思うからです。

介入によって少しずつ円安ドル高が進み、78円が明日は80円、明後日は82円、その次の日は85円になっていけば、きっとマスコミなどでも特集を組むでしょう。それを見た人たちが「フジマキだけに儲けさせるのはもったいない。なんで隣の人が儲かっているのに、私だけが儲け損なうの？」となり、外貨投資が一種のブームになっていたと思うのです。

財務省は世界最大かつ唯一の円キャリー・トレーダーです。

為替介入の結果、円安ドル高が進めば、この円キャリー・トレードは大儲けで、財政赤字の縮小に貢献します。

ちなみにニュースでは、「政府・日銀の介入」という表現をし、介入の際はテレビで日銀のディーリングルームがよく映し出されます。

「介入」とは、財務省が国のお金を使って（短期国債の発行で集めたお金ですが）、どの程度の規模で、いつ行うかを決定するのです。財務省は決定するだけで、ディーラーがいるわけでもディーリングルームがあるわけでもありません。日銀が財務省の指示を受けて、日銀勤務のディーラーが、民間銀行のディーラーを呼び出して売買をやるのです。**民間銀行が、日銀から電話やパソコンで、ドル／円の取引価格を聞かれると、介入だということがすぐにわかり、大騒ぎになるのです。**

ただ、円売り／ドル買い介入の場合は、日銀は、財務省の円のお財布から円を引き出し、財務省のドルのお財布にドルを入れることになります。

ですから、介入では、「財務省が頭で、日銀が手足」ということができます。

ところで、先に「介入の際はテレビで日銀のディーリングルームがよく映し出されます」と書きましたが、この他「丸テーブルに何人かが座り、目の前の白板に数字を書きなぐっている画面」も使われます。銀行間取引きの仲介をする業者の様子です。たしかにテレビは映像が重要ですから、何とかそれらしい映像を使いたいのはよくわかります。しかし、よくもまあ、あんなアナログ時代の映像を使うよな～と思います。株のニュースの際、昔の場《ば》立《たち》が手を振りかざし、戦場のようにワーワーやっている映像を流すのと同じです。

現在は場立などおらず、すべてコンピューターが場立の代わりなのは皆さん、ご存じのとおりです。

「株が急落し、株式市場が大変なことになっています」というニュースでも、実際は東京証券取引所の職員が、静かにモニター画面をのぞきこんでいるだけなのです。

為替も今やコンピューターでの取引がほとんどで、仲介会社が人力で仲介をする取引など、ごく小規模です。あの丸テーブルなぞ、普段は使っていないのに、テレビカメラが入ると、突然セッティングし始めるのでは？　と勘ぐってしまいます。

ただ、株式市場では場立が皆無であるのに対し、為替ではごく少数でも、あの白板経由で取引されているから嘘ではありません。

しかし、この映像をニュースとして使うのは、視聴者をミスリードしてしまうと私は思うのです。

日本には通貨対策を考える人が少なすぎる!

ところで国力にこれだけ影響する通貨のことを、どれだけの人が日常的に考えているのでしょうか?

現在では、まずは財務省のナンバー2の財務官、事務次官の次に偉い財務官があげられます。それから国際金融局の為替課長、そして少人数のスタッフのみが考えているのだと思います。

こんなに重要な国策に関し、これほどの少人数しか、仕事として為替について毎日真剣に考えていないのです。

ですから私は財務省国際金融局為替課を、「通貨庁」に格上げすべきだと思っています。そして人数を揃えて、毎日必死で通貨のことを考えるべきだと思うのです。

東京大学の盛山和夫教授が「円高が日本経済に悪影響を与えたのは明白だと思われるのに、誰一人としてそれを実証研究した学者がいない」とおっしゃっていました。

この辺の研究もきちんと「通貨庁」がやり、政治家や日本国民に発表していくべきだったと思うのです。

私がいくら言っても誰も聞いてくれませんでしたが、お墨付きの役所の研究ならば聞く耳を持つ政治家もいたのでしょう。

なぜ日銀は役割を果たせないのか

以前の日銀は、金利を動かした際、よく「今回の金利変更は株価をサポートする目的ではありません」と言っていました。同じように「今回の金利変更は為替を動かすためではありません」とも言っていたのです。余計な発言です。

速水前日銀総裁は完璧な円高論者でしたから、そうおっしゃるのも無理なかったのかもしれませんが、金融政策を発動する際には、「これは為替政策のための金融緩和です」と言うべきだったと思うのです。

繰り返しになりますが、日本人には「為替は安定がいい」と思っている人が多いようですが、それは根本的な間違いです。その時の実体経済に合ったレベルがよいのです。それでこそ為替が景気の自動安定装置として働くのです。

金融政策はその為替に大きな影響を与え得るはずなのですから、それを否定してはいけなかったのです。「量的緩和の強化は円安のためだ」という総裁の発言だけで、国民の外貨投資は進んでいたと思います。日銀総裁も「現状の円は強すぎる」、そして「それが諸悪の根源です」との認識を持って、そのために日銀総裁として何ができるかを考えるべきでした。「今回の量的緩和強化は円安のためだ」という発言は、ものすごくインパクトがある半面、コストはゼロなのです。

2011年6月20日の日経新聞22面に、浜田宏一エール大学教授とR・クーパーハーバード大学教授の経済教室が載っていましたが、注目に値すると思います。

「今、日本で一番必要なのは金融緩和である。日銀による国債の買い上げや引き受けを通じて実施すれば、それが円安を導く政策になる」

金融緩和が重要であるとは日本人の識者が何人もおっしゃっていますが、彼ら識者は、なぜ金融緩和が必要なのかがわかっていないと思います。

金融緩和は、円安を導くために必要だったのです。浜田教授とクーパー教授は、この記事でそう強調していらっしゃいます。

少なくとも日銀は、「今回の金融緩和は円安を導く目的のものである」と明言すべきだったと思うのです。

今政府が円安政策をとると何が起きるか

私は、「日本は円安によって景気回復を図れ」と長年主張してきたわけですが、日本は何ら円安政策をとらずに、無為に十数年を過ごしてきてしまいました。

残念なことに、もう時間切れだと思います。

財政赤字がこれほどまでにたまってしまったからです。

いくら私が海外に資産を避難させるべきだと主張しても、一方で、1ドル50円説をとる方もいらっしゃるので、今現在は、「ドル買い／円売り」に躊躇《ちゅうちょ》している方もいらっしゃると思います。

しかし、**ここで政府が明確な円安政策をとり始めたらどうなるでしょう？**

国民がみるみる「ドル買い／円売り」に走るのではないでしょうか。多少なりとも、財政状況の酷《ひど》さが国民に知れ渡ってきたからです。

週刊誌も、毎週とり上げているほどです。そのせいで国民が円で資産を持つことに不安を持ち始めた状況下での、政府の円安／ドル高政策発動です。

お金を円から外貨に避難させても、それで損をする可能性が小さくなったと認識する結果、堰《せき》を切ったようにドル買いがまき起こるのです。

その結果として、さらに円安が進めば、「円安」方向に動き出した歯車は猛スピードでぐるぐる回転を始めます。

すると、1480兆円の個人金融資産の10％くらいは、簡単に海外に移るかと思いますが、個人金融資産の2％でも、海外資産に移れば30兆円です。

30兆円ものドル資産を買うために個人が円預金を大量に引き下ろすと、金融機関が入札で日本国債を買うお金がなくなってしまいます。

そうなると、心配していた未達（国債が入札で完売できない）が、明日にでも起きることになるのです。

債券、株のクラッシュはもちろん、円もさらなる下落でクラッシュになると思います。その結果、社会的混乱が起こります。

ですから、もう政府は「円安政策」をとれないと私は思っていて、だからこそ、「時、すでに遅し」なのです。「政府が秩序立てて、景気を回復させる方法はもうなくなってしまった」と私は思っているのです。

コラム　円安に導くには「マイナス金利」も有効である

　このコラムでは「マイナス金利」についてお話しします。金融がご専門でない方は飛ばしていただいて結構です。

　2011年8月27日の日経新聞17面のマーケット欄によると、スイスがマイナス金利になったそうです。スイスフランのFRA（金利先渡し契約）3カ月物が11日に、初めてマイナス0・0275％を記録したとのことです。

　ちなみにFRAは我が国では昔、賭博法に引っ掛かるというので大変でした。私が三井信託銀行ロンドン支店勤務時代にかなり頻繁にやった取引ですが、モルガン東京への入行以降はほとんどやりませんでした。「モルガン東京支店長、賭博法違反で逮捕」などという記事になったら大変だからです。さすがに取引を躊躇しました。

　もっとも逮捕されれば、日本の金融行政が世界中の笑い物になったと思います。今は法律が改正になって、堂々とできるようになっています。

話を元に戻します。どうやって3カ月金利をマイナスにもっていったのか、記事からはよくわからなかったのですが、マイナス金利は、私が「景気回復論」として10年以上前から主張していた内容です。本にも何度か書きました。新聞にもさらりと書いたことがあります。

しかし当時は、「なにをアホなことを言っているのか?」と馬鹿にされました。主張すれば主張するほど馬鹿にされ、ピエロみたいになるので、これでは他の主張も聞いてもらえなくなると思い、しばらくは主張するのをやめました。

しかし、数年前、日本有数のシンクタンクがマイナス金利論を発表し、注目を集めました。そんなに注目するなら、昔の私のことを馬鹿にするなよ、と思いました。

私は相変わらずマイナス金利は有効だと思っています。

マイナス金利とはどういうことか?

そのシンクタンクのマイナス金利論を読んでいないので、彼らがどういうことを主張しているかはわからないのですが、私のマイナス金利論は以下のとおりです。

例えば、皆さんが現在、みずほ銀行○○支店にお金を預けると金利をもらえます。しかし、逆に「預金を預けたいのならお金を払えよ。お金を預かってあげるから保管料を払えよ」というのがマイナス金利です。皆さんが、みずほ銀行○○支店に100万円の預金を預けたら、例えば年率3％、年3万円を払わなくてはいけなくなるのです。

高い絵を保管倉庫に預けると保管料を取られるのと同じ概念です。銀行からすると「貴重なものを預かるのだから保管料をくれ」という考え方です。

ちなみに銀行とは、そんなに多くの現金を保有していません。私は新卒で三井信託銀行の千葉支店に配属されましたが、千葉支店の保有現金もかなり少額でした。ある一定額以上になると日銀に現金輸送してしまうのです。そうすると三井信託銀行が持っている日銀の当座預金が増加するわけです。皆さんがみずほ銀行にお金を持っているように、民間の銀行も日銀に口座を持っているのです。

この口座にお金が集中します。皆さんがお金を銀行の預金口座に預けるのと同じことです。

本題に戻ります。

民間の銀行は、大半のお金を日銀にある当座預金に預けています。マイナス金利にする場合、日銀はここに金利をかけることになるのです。一種のペナルティーとでもいうのでしょうか。ここにお金を置いておいたら2%の金利を払え、というのです。

銀行は預金者から預金を預かって、保管料を3%もらいます（3%のマイナス金利の場合）。それをそのまま日銀にある当座預金に置いておくと、日銀に2%取られてしまいます。ならば、「1%の金利をつけるから、誰かこのお金を預かってよ」ということになります。すなわち、「家を建てるためにお金を借りてくれたら、1%の金利を差し上げますよ」ということになるのです。間違いなく建築ラッシュが起きるはずです。

通常、家を建てたい時は、銀行からお金を借りて、金利を払います。

しかし、マイナス金利の世界では、逆にもらえるのです。この例だと1%もらえるのです。銀行にしても日銀の当座預金にお金を置いておいて2%のペナルティーを払うより、1%の金利を借主にあげてでもよいから貸し出すでしょう。その方が儲かるからです。

これが私のマイナス金利論です。

どうしてプラスの０・００１％の金利はよくて、マイナスの０・００１％の金利はいけないのか。「プラスの０・００１％がよいのなら、マイナスの０・００１％もいいではないか？」というのが、私が当初、マイナス金利論を考え始めたきっかけです。

家を建てるために借金をすると、所得税で税金が返ってくる。それはマイナスの所得税です。マイナスの所得税があるのならマイナスの金利があってもおかしくない、とも考えたわけです。

一見、奇抜に思えるでしょう。でも、合理的だと思いませんか？

私は十数年間主張してきたのですが、誰も聞いてくれませんでした。

実は、過去にこういうマイナス金利を見たことがあります。

私は１９８２年から85年までロンドンに駐在していたのですが、その時、スイスの中央銀行がマイナス金利を採用したのです。民間銀行がスイスの中央銀行に持っている当座預金に資金を残していると、中銀がペナルティをかけたのです。これが私がマイナス金利を初めて見た時で、頭をガーンとなぐられた気がしました。まさに私の常識が破られた日です。目から鱗でした。

実はその後、1990年代後半に東京市場でも銀行間取引でマイナス金利が出現しました。欧米の銀行がマイナス金利をエンジョイしたのです。これは為替の先物がわかっていないと難しいのでここでは説明を省きます。後にある「付録」で、先物を勉強します。為替の先物がわかった後で、理解できるか挑戦してみてください。その章で詳しく述べることにいたします。

もしマイナス金利が採用されていれば、皆、喜んでお金を使うようになっていたでしょう。そして、円預金だと金利を払わなくてはならなくなるため、外貨建て投資は著しく増えていたと思います。

そうなれば円安になっていたのです。

コラム 円安対策に「為替プレミアム料の諸外国への援助」を提案

このコラムも、円安対策に関する私のアイディアです。オプションなど少し難しい話も出てきますので、読み飛ばしていただいても差し障りはありません。

私自身、考えが完全にまとまっているわけではないのですが、ODA（政府開発援助）で、「為替プレミアム料の諸外国への援助」というのもどうかな、と思っていました。

日本は、ODAとして多額の円借款を新興国に提供していますが、その借款の代わりの方法の提案なのです。

新興国に円での借り入れを促すのです。ここでは促すだけで日本政府は何もしません。ただ借りる方の新興国としては、円という低金利通貨の借金ですからうれしいはずです。また円はかなり強いところにあると思いますから、借入金の満期時に円が大幅に弱くなってくれていれば大助かりです。

1ドル80円の時に80億円借りて、ドルに換え1億ドルを調達したとします。

この時に円売り／ドル買いが起こります。直物のドルが上昇します。

満期の時に1ドルが160円と安くなっていれば、この途上国は5000万ドルぽっちで80億円を返せるのです。金利が安かったうえに満期の時に必要なドルが少なくて済みます。大助かりです。

しかし、そうはいっても、満期の時に円が反対に強くなっていたら大ごとです。円借金返済のために、大量のドルが必要となるからです。先ほどの例でいうと、満期の時に1ドルが40円になっていれば、80億円の返済に2億ドルが必要となるからです。

その対策に、日本政府が援助するのです。ドルのコールオプション（ドルを一定のお金で買う権利）を買う費用（プレミアム料）を負担してあげるのです。この本ではオプションのことをお教えしていないので、詳しい説明は省きます。しかしオプションとは保険と同じと考えてください。保険料より損はしないのです。

そして万が一、火事が起きた場合（このケースでは円が高くなった時）は、損失が補填《ほてん》されるのです。円借款の新興国としては、このオプションプレミアム料の援助を受けることで、満期日に損を被る可能性がなくなり、低い金利を享受でき、さらには、ひょっとすると満期時の円安をも享受できるのです。

これは新興国にとっておいしい話だと私は思っています。新興国がこの話に飛びついて大量の円を借りて直物市場でドルに換える。そうするとドル高／円安要因となっていたはずなのです。

Part 5

一足先に地獄をみた国々

「固定相場制」の国は必ず酷い目にあう

困るのは、私が「いつでも円安がよいと思っている」と誤解されていることです。決してそうではありません。

私の主張は、「為替は景気とともに動くべき」なのです。

バブル崩壊以降、ずーっと日本が不景気で、それにもかかわらず円が強くなってしまったので、ずーっと「円安がいい」と言い続けざるを得なかったのです。

私のことを「Mr.円安」と言う人がいますが、違うのです。どうせ言ってくださるのなら、「Mr.変動相場制」と言っていただきたいと思います。

変動相場制を採用し、きちんと市場原理が働く国であるならば、国の力が弱くなると（＝景気が悪くなると）、通貨が弱くなります。国内に魅力的な投資先がなくなり、「自国通貨売り・外国通貨買い」が起きるからです。

しかし、自国通貨が安くなると、自国のモノ、サービス、労働力が安価となり、国際競争力が回復し、今度は国力が回復し始めます。通貨安で輸入インフレも起こり、デフレ状況から脱出して景気が回復するのです。

国力が回復すれば（＝景気がよくなれば）、魅力的な投資先が国内にできて、資金の還流により、今度は「自国通貨買い・外国通貨売り」が起こり、自国通貨高となります。そうすると、加熱していた国内景気は鎮静化しますし、強い自国通貨で買える安い外国商品が、国内のインフレ傾向を抑えます。景気過熱に伴うインフレ退治は中央銀行の重要な課題ですが、自国通貨高がその鎮静化にも役立つのです。

このように為替の変動相場制は、最高の景気自動安定装置なのです。政治家が景気対策と称して変に介入しなくても、うまい具合に景気が刺激されたり鎮静化されたりするのです。

この仕組みがうまく働かずにいると、実体経済から為替のレベルがかけ離れてしまい、とんでもないことが起きることになるのです。日本は「変動相場制をとっている」と言っても、「景気がよくても悪くても円が強くなる」状況で、実質的に「変動相場制をとっている国」とは言えません。

ですから私は、日本を「固定相場制の国」と言っていますが、固定相場制ですと、おできの中にたまった膿《うみ》がおできの破裂とともにドバッと外に出てきてしまいます。円バブルの破裂です。

固定相場制のせいで、酷い目にあった国はたくさんあります。日本もそうなるのは時間の問題だと思います。

その準備のために、過去の固定相場制の弊害の例をみてみることにしましょう。

アジア通貨危機――タイが招いた悲劇

1997年のアジア通貨危機はなぜ起こったのでしょうか？

アジア通貨危機は1997年にタイバーツの管理変動相場制移行をきっかけに生じたことは前に述べたとおりです。

アジア通貨危機に関しての本を読むと、危機が起きた理由が「アジア諸国の多くが逃げ足の速い短期資金の流入に依存していた」「国内の金融システムが脆弱で、コーポレート・ガバナンスも不十分だった」などと書いてあります。

しかし、私が思うに、つまるところは「アジア諸国が固定相場制をとっていたせい」なのです。通貨危機は、固定相場制の当然の帰結として起こったことなのです。

アルゼンチンもそうですが、アジア諸国も固定相場制をとっていました。

固定相場制というのは、経済発展を考えると、ある程度は必要な仕組みです。**通貨が安定しないと、経済発展に必要な外国の資本が入ってこないからです。**「ある国に投資したり土地を買ったりしていたら、急にその国の通貨が安くなって大損しました」では誰も投資しないし、発展もしません。

アメリカ人がタイの土地を買っていたのに、タイバーツが暴落してしまったら、ドルに資金を戻す時、為替で大損してしまいます。「タイの土地を売って大儲けしよう」と思ったのに、「ドルに換算すると為替で損をしてしまった」では、投資する気にはなりません。

そういう意味で、新興国は固定相場制をとるのです。ドルにペッグ（固定）させる。しかし経済が発展していくと、その通貨が実体経済よりも強くなりすぎることが、ままあります。今の日本と同じ状況です。これは不均衡で、膿がたまった状態です。

マレーシアのマハティール首相がアジア危機の時、ジョージ・ソロスを非難しました。「マレーシアの通貨リンギットが暴落したのはソロスが売ったせいだ」というのです。ソロスが実際に売ったかどうかは知る由《よし》もありませんが、その時にたまたまリンギットを持っていたので、危ないからと売り逃げたのかもしれません。

それだったらソロスは非難される筋合いはないと思います。持っている以上に大量に売っていたとしても、それは、おできが極限まで膨らんで膿がたまっていたので、おできに針を刺して穴をあけただけではないかと私は思います。

この場合、おできに針で穴をあけた人が悪いのでしょうか？　刺さなかったらひょっとしたら敗血症になって死んでしまったかもしれないのです。

針で穴をあけた人が悪いのか、もしくはそういう膿をためるようなシステムが問題なのか。

私はシステムの方が問題だったと思います。要するにあのアジア危機は、固定相場制というシステムの弊害だったと思うのです。

アジア諸国は、ソフトランディング的に固定相場制から離脱できなかったので、アジア通貨危機が起きたのです。

アジア諸国の場合は、銀行などの金融機関が、外貨建てで大量のお金を借りていました。金融機関が外貨建てで短期の借金をし、自国通貨で国内の会社に長期で貸していたのです。

例えばタイの銀行ですと、ドル建てで短期のお金を外国からたくさん借りて、国内の企業にタイバーツで設備資金などとして貸していたのです。

ですからタイバーツが安くなると、銀行はドル建て借金の返済に関して、大量のタイバーツが必要となり、破綻することになるのです。このことはＰａｒｔ７「金融・為替に関する誤解」で詳しく書きます。

つまり、タイ政府は景気が悪くなった時に、自発的に通貨を安くするという選択ができなかったのです。

ちなみに、日本政府は景気が悪いのに、通貨を安くすることすら考えなかったのですから最悪です。

ところで、アジア諸国の場合は、銀行などの金融機関が外貨建てでお金を大量に借りていましたが、アルゼンチンの場合は、国が外貨建ての借金をしていました。

国であろうと銀行であろうと、外貨建ての借金をしている時に、自国通貨が安くなると、みじめです。

再度言いますが、日本は、タイやアルゼンチンとは異なり、外貨建ての借金をしていなかったので、通貨安政策がとれたはずなのです。でもしなかった。残念でなりません。

ソロスVS.英国中央銀行

次に、ヘッジファンドが固定相場制に挑戦した話をします。というか、「固定相場制は制度として永続できない」「いつかは破裂する」という話をします。

ジョージ・ソロスが有名になったのは、1992年のポンド売りからです。

欧州通貨統合に向けて、「ヨーロッパの国はマルクに対して通貨を固定する。それが通貨統合に参加するための条件」でした。

英国に関しては「1ポンド2・95マルクで固定しなさい。最低限でも1ポンド2・77マルクまでにしてください」という制約があったのです。

ポンドというのは円と違って、ポンド中心に考えますから、数字が小さいほどポンドが弱い。1ポンド＝2・77マルクの方が、1ポンド＝2・95マルクよりポンドは弱いのです。そのことを頭に入れながら読んでください。

1ポンドを買うのに2・95マルク必要だったものが、1ポンド2・77マルクで買えるようになるのですから、ポンドは弱くなったということです。円だと200円より100円の方が強い。数字が小さいほど強くなるんですけれど、ポンドの場合は逆ですから注意してください。

ところで1992年とは、英国の景気が非常に悪くて、ポンドが下がろう、下がろうとしていた時期です。ちょっとすると2・75とか2・76とかに下がりそうだったのです。欧州通貨統合の条件として指定されていた2・77マルクの下限を割って弱くなりそうでした。それを防ぐには、方法は2つしかなかった。1つは英国中央銀行（バンク・オブ・イングランド）の利上げです。

ところが、景気が悪い時に利上げをしてしまうと、経済がグシャグシャになってしまいます。それが怖くてできない。しかし通貨統合に入るために、利上げをしてポンドを強くしなくてはならない。

もう1つのポンド安を防ぐ方法は、ドイツ中央銀行の利下げです。ドイツが利下げをすると、相対的にポンドの価値は上がってくる。

ところがドイツは東西統合の直後で、インフレ気味で金利を上げれば大変なことになる。さらにインフレが加速してしまうからです。

そこでソロスは考えたのです。英国はどうしようもないから、いずれ通貨統合への参加をあきらめざるを得ないだろう、と。そうなると、ポンドは最低限の2・77マルクをドーンと割って大幅下落するぞ、とも予測したのでしょう。懸命にポンドを買い支えているのは通貨統合に参加するためですから、参加をあきらめるのだったら、ポンドを買い支える動機はなくなる。

英国中央銀行は景気が悪いにもかかわらず、ボンボンと利上げをしたのですが、それは最後のあがきであって、最終的には通貨統合への参加をあきらめたのです。

そして、その時、ソロスはポンドを売りまくったのです。そして勝ったのです。ポンドは約20％下がり、ソロスは大儲けしたのです。

ソロスは頭がいいと思います。負けないゲームをしたのですから。負けたってこの場合、大した損ではありません。ローリスク・ハイリターンの勝負です。あの時、このことに気がつかなかった自分の頭の悪さを嘆いたものです。

ソロスが負ける場合は、「1ポンド2・95マルクで固定する。最低限でも1ポンド2・77マルク以上にする」という（一種の）固定相場制が維持できた時のみです。

ところが皮肉なことに、この時、ポンドが安くなったおかげで英国は通貨統合に参加はできませんでしたが、景気は急回復したのです。

となると、英国の景気を守ったのはソロスだったのか、英国中央銀行だったのか。私はソロスだと思います。

とくに今日のようにユーロの先行きがあやしくなると、ソロスは英国を救った英雄なのでは、と思ってしまいます。

ここで言いたいのは、「固定相場制というのはソロスみたいな人にチャレンジされてしまう」ということです。制度的に無理があるのですから、いつまでも持続可能ではないのです。ちなみにこのオペレーションをやったのはソロス自身ではなく、ソロスファンドの2大ファンドマネージャーの1人、ドラッケンミラーでした。

ユーロは必ず崩壊する

ユーロ危機が騒がれています。ここで押さえておくべきことは、**「ユーロは固定相場制の壮大なる実験だ」**ということです。

私はこの**「固定相場制の壮大なる実験は失敗するだろう」**とユーロ設立当初から主

張してきました。これはユーロ発足以来の私の信念です。

メガバンクでディーラーの卵にしてもらった長男・ケンタが、「ユーロに関しては（〝は〟と言われてしまうところが情けないですが〈笑〉）お父さんは当たっていたね」と言ってくれました。また高校時代の先輩であるお医者さまからも、「ユーロに関してフジマキさんほどの見通しを言っていた人はあまりいないと思います」と先日メールで褒められました（ちょっと自慢です！）。

ユーロは地域固定相場制です。固定相場制がなぜ永続的に持たないのかは、いろいろなところで書いてきたのですが、再度ここにも書きたいと思います。

わかりやすくするために、日本と米国が固定相場制を採用しているとしましょう。これは、両国がドルと円という通貨を放棄して、「ドルエ」やら何やらいう通貨をつくるのと全く同じです。固定相場制下では、「円とドルをいつでも同じレートで交換できる」のですから、同一通貨を採用しているのと同じなのです。

ところで、固定相場制の最大の弊害は何でしょうか？

今でこそ米国もゼロ金利政策を採用しているので、日米の金利差はほとんどなくなりましたが、少し前まではドル金利の方が円金利よりかなり高かったものです。

その時、固定相場だったら円預金をする人はいないはずです。日本人がドル預金を躊躇したのは、ドル金利の方が高いけれど、満期の時に為替で損をする可能性があるからのはずです。

ところが固定相場制では、為替で損をする確率はゼロです。ドルと円の金利に差があったら、円預金をする人はいなくなり、円資金の供給はなくなってしまうのです。

また日本人が皆、ドル預金をするために、円売り／ドル買いをしたら、ものすごいドル高圧力がかかり、政府日銀は大量のドル売りをしなければなりません。**固定相場制とは、絶えず政府・日銀が為替市場に介入し、レートを一定に保つ必要があるからです。**そうなると、とたんに日本には外貨準備のドルがなくなってしまいます。

このような事態を防ぐために、政府・日銀は、日本の経済状況がどうであれ、円金利を絶えず、ドル金利と同じにしておかねばなりません。

たとえ景気が悪くてゼロ金利政策をとりたくても、米国景気が好調でドル金利が5％なら、円金利も5％にしなくてはならないのです。こんな状態がいつまでも持つ

わけがないのです。

日本と米国という経済格差の小さい国の間でさえ、こうなのです。**ギリシャとドイツは経済格差が極めて大きな国ですから、短期金利を常に同じにすることなどは不可能な話なのです。**

長男・ケンタが大学生の時、「東京と夕張は円という共通通貨を使っているではないか？　地域内固定相場制じゃないか？　それでも夕張は破綻しない。ギリシャ問題とはどう違うの？」

と聞いてきました。

「夕張が破綻しないのは、東京と夕張が日本という1つの国の中にあり、財政が一緒だからだ」

と答えました。

夕張が危なくなれば、東京人の払った税金で夕張を助けるのです。

EUが1つの国になり財政も1つになるのならば、ユーロも崩壊しないと思います。

しかし、そんなこと無理だと私は思うのです。

安倍首相の時だったでしょうか、日本経済再建策で東アジア共通通貨圏構想が話題になりました。そんなアホな、と私が言い続けた理由もおわかりかと思います。

Part 6

諸悪の根源は円高にあり

なぜ日本はシャッター通りが増加し続けているのか

一昨年（2010年）の夏、朝7時のNHKニュースの中で「ジャパン・シンドローム」特集をやっていました。日本のさまざまな問題の解決策を考えようという番組でした。しかし、私は「円高さえ解消」すれば、あそこでとり上げたほとんどの問題が解決してしまうと思いました。為替に手をつけずに、各専門家が枝葉末節を議論しても、なんら解決しないと思ったのです。日本においては「為替が幹、幹が枯れては枝葉を整えても木全体が枯れるのを待つばかり」なのです。

このPartでは円高の弊害を1つずつ考えてみたいと思います。

まず第1に、「産業の空洞化、シャッター通りの増加、東京と地方の格差」問題です。円が強くなると外国人の労働力が安く買えます。すなわち外国人の賃金が安くなるわけですから、企業は相対的に高くなった日本人労働者の代わりに外国人労働者を雇います。外国人労働者を求めて日本の企業は海外に進出してしまうのです。いわゆる産業の空洞化です。

月給1000ドルの外国人労働者と月給20万円の日本人労働者を比べてください。1ドル200円の円安の時は、外国人と日本人、どちらを雇用しても円貨での支払いは20万円と変わりません。しかし1ドル50円の円高になれば外国人労働者は5万円で雇用できるのです。20万円対1000ドルと一見変わりがなくても、外国人労働者の賃金は円では値下げです。すなわち、日本人労働力の相対的値上げです。日本人労働者は、円高による値上げで職を失うのです。

日産マーチの生産工場が、タイにオープンしました。日本への逆輸入用の工場です。円高のせいで日本人労働力が割高となったことで、雇用が日本人からタイ人に移ったのです。もちろん日本の工場は閉鎖です。これが空洞化の例ですが、日本の工場で働いていた人たちは職を失います。

工場が閉鎖されれば、工場のまわりのレストランに人は来なくなるでしょうし、工場周辺の商店街にも買い物客はいなくなりますから、工場のまわりの商店街はシャッター通り化します。バス会社もタクシー会社も駄目になるでしょう。工場に依存している町村はかなり多いと思いますが、その地方は寂《さび》れていってしまうわけです。

私の弟、幸夫なぞも、「地方の活性化問題」で講演を頼まれるし、プロとしていろいろな提案をさせていただいています。それはそれでうれしいのですが、私に言わせると、どんな努力をしようとも「円安」にしないことには、誤差の範囲程度にしか事態は改善されないのです。

２０１１年９月28日に発表されたロイター通信社でのインタビューで、カルロス・ゴーン日産自動車社長のコメントが載っていました。

Nissan Motor Co CEO Carlos Ghosn said the Japanese government's effort to rein in the rise of the yen had failed, forcing manufacturers to reduce

investment in Japan and shift output elsewhere. "If the Japanese government wants to really safeguard and develop employment, then something has to be done" Ghosn said in an interview in New York.
（日産のゴーン社長は、「日本政府の円高防止策は失敗に終わった。このままでは製造業は日本への投資をやめ海外に生産拠点を移すであろう。もし日本政府が日本の国内雇用を守りたいのなら、ここで何かをしなくてはならない」とＮＹでのインタビューで答えた）

さらに、２０１１年12月５日の日経新聞５面の「通貨この厄介なもの」の記事によると、カルロス・ゴーン氏は「（経営の）最大の脅威は自然災害ではない。円高だ」とも述べているとのことです。

これは円高がいかに製造業にとって脅威か、そしていかにゴーン氏が円高にイラついているかを端的に表しています。

日産は、もはや日本企業ではありません（経営者も、主たる株主をはじめ大部分の株主も外国人です）から、簡単に日本から撤退していくかもしれません。

実際に２０１１年12月15日の日経新聞１面トップ記事によると、日産はメキシコでの生産を倍増させ、メキシコでの生産を日本国内よりも上回らせる決定をしたそうです。


「東京と地方の格差問題」もよく話題になります。私はこれも「円高問題」だと思っています。日本の会社は、いくら円高になっても本社だけは東京に残します。ですからホワイトカラーは、いくら円高になっても仕事を失いません（例外はありますが）。

しかし、工場は海外移転してしまいますから、ブルーカラーの人たちは仕事を失います。工場に依存している地方都市は活気を失います。これが東京と地方との格差の主因です。ですから、「東京と地方の格差問題」というのは為替問題だと思うのです。

２０１１年11月18日も、ニュースで自動車取得税や重量税の軽減が話題になっていました。日本の主要産業である自動車産業の空洞化対策だというのですが、「そんな戦術的なチマチマしたことにお金を使うより、そのお金を円安政策に向けろ」とニュースを聞きながら私は思いました。

なぜ自殺者急増に歯止めがかからないのか

自営業者やサラリーマンの自殺者急増が、かなり大きな問題になってきています。大学生の就職もかなり困難だと聞きます。

こういう問題が起きるのは当然です。前項で述べたように、円高でどんどん外国人の賃金が安くなり、日本人が仕事を失っているのですから。

以前、就職雑誌のインタビューを受けたことがあります。

「就職が苦しい現在、学生は何をしたらいいのでしょう?」

という質問でした。

ある就活専門家は「ネクタイの色をどうしろ」「スーツをどうしろ。そうして面接官の印象をよくしろ」などとアドバイスをしていました。たしかに個別問題としては適切なアドバイスなのかもしれませんが、私は、「それよりも、学生は今こそ学生運動をしろ」と回答しました。

私自身は学生時代から体制派でデモなど大嫌いでしたが、今は学生はデモをしてもいいのではないか、と思ったのです。「円高打倒」というデモです。

米国のウォール街で「格差是正」の座り込みをやっているそうで、ああいうのは感心しませんが、「円高打倒」の座り込みなら賛成です。ついでながら、「格差是正」を謳《うた》うなら、「若者と老人の年金格差是正」ならいいと思います。こういう、まっとうなデモなら私は大賛成なのです。

ところで、少し前にテレビを見ていたら、何とか党の政治家が「自殺者が多い。対策を何とかしろ」と主張していましたが、一番簡単なのは「円安にして、景気をよくすること」だと思いました。そうすれば自殺者は減っていたでしょう。

私は心理学の専門家ではないので迂闊《うかつ》なことは言えませんが、常識的に考えて経済的に苦境に陥って自殺する人はかなり多いと思います。

それには円安で景気をよくすればよかったわけで、何とか党のように「ばら撒き」を優先するから財政が破綻し、自殺者がさらに増えてしまったのだと思います。

円高のままでは年金は受け取れない!?

円高は年金の存続問題をも引き起こします。

年金の存続を考える時には、たしかに少子化の問題もあることにはあります。幼稚園の運動会に行くと、1人の園児に親2人と祖父母4人が見学に来ているわけで、ほほえましさを感じると同時に、これじゃ年金制度が保《も》つわけがないよな、と暗い気持になります。

しかし、思い起こしていただきたいのはバブルの頃のことです。あの頃「年金制度が崩壊する」なぞと心配していた人はいなかったと思います。それがゆえに、今ではほぼゼロ円でたたき売られるような厚生施設が全国でどんどん建てられても、誰も文句を言わなかったのです。運用資産が年金を払っても余りあると思っていたからこそ、本来の年金運用以外にお金を使っても、誰も文句を言わなかったのです。

年金は、まず自分が掛け金を払って、それから勤めている企業も掛け金を払ってくれて、残りの掛け金の3分の1か、（今後は）2分の1を国が払ってくれる仕組みです。国が払ってくれる2分の1もしくは3分の1は、もちろん我々の税金が原資です。

こういう仕組みである以上、自分が払った掛け金以上に年金をもらえないとおかしいはずですが、さらに現在、予定されている年金支給額は、その掛け金を高利回りで運用できたならば、という話になっていると思います。

昔はたしか、5・5％で運用できるという前提のもとで計算されていたわけです。今の前提は多少低くはなっていると認識していますが、それでも現実の利回りと比べると、かなり高めの利回りで設定されているはずです。

感覚的にはわかりづらいかもしれませんが、この利回りは、原資の増減にバカにならないくらいの影響力があります。

例えば10％ずつ資産が複利で増えていくと、10年間で元本は2・6倍にもなります。20年だと2・6倍×2・6倍で6・76倍にもなるのです。１００万円が６７６万円です。６７６万円！　ですよ。

中国が２０１０年、ＧＤＰ（国内総生産）で日本を抜きました。中国は10年間にわたって10%成長を続けてきたわけですから、GDPだって、10年間で2・6倍になったのです。一方、日本のGDPは情けないことに増えてはいない。ずっと停滞していたのです。ですから中国がGDPで日本を抜いて当たり前なのです。

話をもとに戻すと、利回りが高いというのは、年金制度を維持するうえで極めて重要だということです。

ところが現在、円高で景気が悪いため、年金の利回りは極めて悪いわけです。円安になり日本の景気が上向いていれば、年金運用利回りがよくなっていた。そうなれば年金支払いの心配もなくなるし、心配がなくなれば年金の掛け金の未納も減り、年金制度はますます堅固なものとなっていたわけです。

景気悪化の原因はデフレであり、その元凶は円高である

今、日本はデフレに悩んでいます。デフレから脱却しないと、日本の景気はよくなりません。

このデフレは円高だからこそ起きているのです。

私は十数年前から、「日本経済の大きな問題はデフレである。政府はデフレから脱却する政策を第1に考えなければならない。それには円安にするのが一番だ」という主張も展開してきました。円高こそデフレの主因だと確信していたからです。

なお、当初は「インフレ」という言葉は悪魔の言葉だったようで、私が「インフレ論」を主張していたら、ある新聞社の編集者から、「インフレ論とは刺激が強すぎます。せめてデフレ脱却論という言葉に置き換えましょうよ」と提言されたほどです。10年かかって、やっと「日本にはインフレが必要だ」と堂々と主張できるようになりました。

そこで、なぜデフレは日本経済に悪いかを考えてみましょう。

ただ、「なぜインフレが日本経済によいか」で説明した方がわかりやすいと思いますので、「なぜインフレがよいか?」を説明します。デフレが悪い理由はその裏返しだと考えてください。

インフレは企業にとても有利なのです。

企業は、借金をしながらビジネスを行っているのが普通です。銀行からお金を借りたり、社債を発行したりして資金調達をし、ビジネスを行っているものです。借金をしている会社や人にとっては、インフレはありがたいものです。借りている借金を、いとも簡単に返せるからです。

はるか大昔、例えばタクシーが円タクと言われ、初乗りが1円だった頃、テレビ工場を建てるために10万円の借金をした会社があったとします。この会社は、テレビ1台の販売価格が10万円に上昇してくれれば、テレビをたった1台売ることにより、10万円の借金が返せてしまうのです。

ですからインフレは、借金を大量にしている企業にとってありがたいのです。

また、工場は原料を仕入れて製品にして売るのですが、その間にインフレが進んでいれば、予想以上に高い値段で製品も売れます。借金の観点からも売り上げの観点からも企業収益は上昇します。

このようにインフレにより企業業績が上昇すると、次に何が起こるでしょう?

まず企業の業績がよくなるので、その会社の株価が上昇します。もっと売り上げを伸ばそうと、新しい工場を建てるので地価も上昇します。こうなると企業のリストラの手も緩み、個人消費も大いに回復します。

私は1985年に三井信託銀行からモルガン銀行に転職した転職第一世代です。今でこそ、多くの人が、日系から外資系金融機関に転職していますが、当時、外資への転職は、「清水の舞台から三度飛び降りる」ぐらいの決意が必要だったのです。

ロンドン支店勤務中に三井信託銀行を辞めたのですが、「辞める」と申し出た後は3カ月間、支店長室に連日、軟禁状態でした。「辞めるのをやめなさい」と毎日説得されました。三井信託銀行の役員会議では、私にかけた社内留学費用の返還要求をすべきかが議題にのぼったそうです（幸い請求されませんでした）。

それを押し切って転職した先である、モルガン銀行東京支店の当時の米国人支店長は、三井信託銀行の役員会に行き、「フジマキをもらい受けますが、これで互いの関係を悪くすることなく、今後とも友好関係を保ちましょう」と仁義を切ってくれました。昨今の金融機関では考えられないことです。

私の転職は、それほどまでに大変なものでした。ましてや私はリスク・テイカーで、

「儲けて初めて人間として認められる」仕事をしていたのです。損が続けば、すぐクビになります。

モルガン銀行で失敗すれば、次は千葉支店外回り時代に習得した運転技術を活かして、タクシー運転手になる覚悟で転職を決意したのです。

このような状況の時、我が家の消費行動がどうだったかは容易に想像がつくと思います。

そして我が家は、私のモルガン転職後、お金を1銭も使わなかったのです。「1銭も使わなかった」というのは、もちろん大げさですが、それほど徹底してお金を使いませんでした。すべてを万が一に備えて貯金したのです。

消費を再開したのは、2～3年後、私がディーリング実績を積み上げ、「もう簡単には、クビにならないな」という確信を持ててからのことです。この時、私は身をもって「雇用不安がある時は、人は決して金を使わない」と体感したのです。

デフレが進み、企業業績がさらに悪くなれば、1985年にフジマキ家に起こったことが、日本全体に起きるようになるのです。

「ひょっとしたら自分はリストラされてしまうのではないか？」「ひょっとしたら自分の会社は倒産してしまうのではないか？」と思った時の個人消費の低迷は、並大抵のものではないのです。

転職が習慣化している欧米とは違うのです。終身雇用制が徹底していて、転職が容易ではない日本において、企業業績の低迷が個人消費に与える影響は、欧米の比ではないと思うのです。

個人消費は日本のGDP（国内総生産）の約6割を占めると言われています。この動向は、日本経済にとって非常に重要なのです。

ここまでの説明で、デフレのデメリットがおわかりになったでしょうか。

日本の景気がよくならない原因はデフレであり、その元凶は円高なのです。

円高とは国際競争力を落とすだけでなく、経済をデフレにしてしまうという弊害があるわけです。

ちなみに弊害と書きましたが、今、日本は景気が悪いから弊害なのであって、もし日本の経済が強いなら、円高は「国際競争力を落とし、景気過熱を冷やし、インフレ気味の経済を鎮静化する」のでよいのです。
私は常に、「経済がどんな状況でも円安がよい」と言っているわけではありません。
誤解なきように、お願いいたします。

コラム インフレにするにはどうしたらよいか?

「デフレが日本経済に悪く、インフレが必要だった。インフレにするためには円安が必要だった」という話をしましたが、ここでは「円安になるとなぜインフレになるのか」を詳しく説明しましょう。

1998年にロシアが危機に際し、通貨ルーブルを切り下げた翌日の新聞記事の見出しを見てみましょう。

「資金難の混乱回避　インフレ再燃の圧力に」(日本経済新聞、1998年8月18日)
「インフレにつながる恐れ　露政権、厳しい立場に」(毎日新聞、1998年8月18日)

とあります。両新聞とも、見出しで「インフレ懸念」に言及しています。

このように通貨切り下げと聞くと、マスコミやマーケット参加者は、すぐインフレを連想するのです。

「通貨切り下げ＝インフレ懸念」の概念は、我々にとって一種の「パブロフの犬」的発想なのです。

その結果、インフレの文字が新聞紙面を飾れば、一般の人々もインフレを警戒するでしょう。毎朝ワイドショーで「円安でインフレ、円安でインフレ」と騒げば、世の中、インフレムード一辺倒になります。値上げ前にモノを買おうとするでしょうし、多少の値上げも許されていくでしょう。

1リットル160円のガソリンが、明日から400円になると騒げば、多くの人は今日中にオイルタンクを満タンにするでしょう。石油危機当時のトイレットペーパー騒動と同じです。少しでも早めに買い置きをして在庫を増やすのです。皆がこの行動をとれば、それは価格上昇要因です。

もちろん円安が起これば、このような心理面からだけでなく、実際にもインフレが起こります。1ドルが80円の円高時代には、1リットルが2ドルの原油の輸入コストは160円ですが、1ドル200円になれば、400円となってしまいます。

これが輸入インフレといわれるインフレです。

ガソリン、石油の値上がりは他の製品に波及します。原発で再度、火力に頼り始めた電気代も、大幅値上げとなるでしょう。

ちなみに私は「だから原発再起動を」と主張しているのではありませんから、誤解なきように。ウランも輸入なのです。大幅円安となる前に、輸入する必要のない日本産のエネルギー源、すなわち水力とか太陽熱とかメタンハイドレートを実用化せよ！と言いたいのです。

ところで、**インフレとかデフレとかいう言葉は、消費者物価指数や卸売物価指数のように、日常的に売買するモノの値段の動きのことです。土地とか株のような資産の値段の動きではありません。**

しかし円安になると、資産価格も上昇します。空洞化が解消されて工場が戻ってくるからとも説明できますし、景気がよくなるので、日本の金持ちたちが国内不動産投資を増やすからとも説明できます。

前に述べたように、円安とは円で売っているものが安くなる、すなわち外国人にとっても日本国内の土地は（ドル価で）安く買えるので、外国人による日本の不動産投資ラッシュが起きるからとも説明できます。

外国人にとって、1億円の日本の土地の購入には、1ドル100円の時は100万ドル必要ですが、1ドル200円の円安になれば50万ドルで済むからです。

このように資産価格が上昇することを、資産インフレと言います。

このようなメカニズムから、円安になれば、日本はデフレからも資産デフレからも脱却できるのです。

日本はTPPに参加すべきか

今、話題になっているTPP（環太平洋戦略的経済連携協定）については、参加に農業団体が猛反対していますが、私はその反対を疑問に思っています。TPPに参加しようがしまいが、日本の農業は、このままでは駄目だと思うからです。

その原因は円高です。この円高のせいで世界に冠たる日本の製造業であっても苦しいのです。製造業でさえ苦しいのなら、小規模・兼業化かつ高齢化の進んでいる農業が、世界に伍《ご》してやっていけるわけがないのです。農業団体にはこの認識がなさすぎます。

日本はTPPで騒ぐ前に、円高問題で騒がなくてはいけなかったのです。

アメリカの農業団体が輸出のために「ドル安！」と主張するのをよく聞きますが、日本の農業団体から「円安を！」という主張を聞いたことはありません。

それなのに、TPP問題で急に騒ぎ出すのはおかしいではないかと思うのです。

単に関係者は、補助金目当てではないかと勘ぐってしまいます。

ＴＰＰで関税がなくなり、外国の農産物が10％安くなっても、円が10％安くなればチャラなのです。

ちなみにベーカー米国財務長官が「ドル安」を主導した１９８５年のプラザ合意は、「米国内の農業がドル高により打撃を受けているから」というのが大きな理由でした。自国の農業を守るために、通貨「安」政策を彼らはとったのです。

何はともあれ日本の農業がポシャり、農産物自給率が低下したのは円高のせいだと私は思います。

また２００１年12月初旬の金曜日に、霞が関に行った時のことです。経済産業省の前で農家の団体がビラを配っていました。セーフガードの本格発動を要求するビラ配りだったのです。それを見て私は、「彼らは道路を渡って反対側にある財務省の前で『円安を！』というビラを配るべきだ」と思いました。私は街頭で配っているビラはもらわない主義なので、一旦は通り過ぎたのですが「おもしろそうなビラだな」と思い直して、もらいに戻ったら農家の人はえらく喜んでいました。

農家の団体が配っていたビラには、「ネギ3本1束の値段が今、国内産198円、中国産100円だ。構造改革をして国内産の値段を130円にしようと努力をしている。しかし、せっかく構造改革をしても中国産の輸入がさらに急増したらやっていけない。だからセーフガードを発動させて中国産のネギを3本1束100円以下にさせるな」と書いてあったのです。この時1ドル120円だったのですが、1ドル120円から1ドル240円になれば、中国産のネギは3本1束200円になります。「そうなればセーフガードを発動したり、構造改革などしなくても日本のネギは護《まも》られるじゃないか？　だから円安を主張すればいいのに」と思ったのです。

2001年の夏には、米国産の米を使った「輸入駅弁」が首都圏のJR駅で売り出されたことに対し全国農業協同組合中央会が反発したというニュースもありました。これも同じく農業問題というより為替問題なのです。円が強くなりすぎたから米国米が安くなったのです。円が当時の120円から240円になれば、米国米は円貨で2倍の値段になります。米国米は価格的に魅力がなくなり、また国産米を使うと思うのです。ということで、日本農業の衰退の最大の理由は円高なのだと私は思います。

ところで脱線しますが、米には778％もの関税がかかっているので、円安では関税撤廃とチャラにはならないとの反論があるかと思います。しかし私は778％という関税率を聞いて驚きました。そんなに我々は高い米を食わされていたのか！　と。

日本人は、すべての問題を生産者の立場から論じる傾向にあり、消費者の観点からは議論しません。

今回のTPP議論でも、完璧に消費者の観点が抜けています。消費者の立場からみたら関税なぞ、すべて撤廃した方がよいわけです。消費者の立場だけからみるのも間違いですが、生産者の立場のみからTPPを論じるのも間違いだと私は思います。

やはり778％の関税は高すぎます。韓国や中国がやっているように外国に農地を借りるなり買うなりして、そこで日本の資本で農産物をつくり、それを輸入するシステムも1つの解決策だと思いますが、いかがでしょうか。

食料自給率が重要だとよく耳にしますが、それは石油でも同じです。石油と米と何が違うのでしょう？

万が一、戦争が勃発したら、石油がなくても日本はアウトです。石油発掘という権益を海外で買うのと同じように、農業権という権益を海外に求めてはどうかと思うのです。

脱原発後のエネルギーはどうなるか

今までの日本は、円高だったからこそ、原料であるウランも天然ガスも石油も安く輸入でき、安すぎる電力を湯水のように使っていたと思います。安い電気を前提とした産業構造になっていたのです。石原都知事ではありませんが、パチンコ屋がここまでチンジャラジャラと派手になったのも、安い電気料に負う面があるのだろうと思います。円高は構造改革になるという議論が一時盛んでしたが、考えようによっては電力の無駄づかい構造をも助長してきたのです。

少し古い資料で恐縮ですが、２００７年の各国のエネルギー源別割合をみてみると、ドイツでは原子力が22・１％に対し、地熱・新エネルギーが６・７％です。

一方、日本の原子力は、ドイツと同じく22・1％ですが、地熱・新エネルギーはたったの0・5％にすぎません（『世界国勢図会第21版』〈財〉矢野恒太記念会）。

この辺の差は為替のせいではないかと私には思えます。円高で発電用の輸入原料が安かったので、風力、太陽熱等の自国産のエネルギーが価格面で不利のままであり、開発や研究が進まなかったのではないかということです。為替は、新エネルギー開発に対するモチベーションにも関わるのです。

円安だったならば、ここまで原子力に頼っておらず、ひょっとすると今回の原子力事故も起きなかったかもしれない、というのは言いすぎでしょうか。

ここまで述べてきたように、日本は、今、非常に多くの問題を抱えて閉塞感に溢《あふ》れていますが、円高さえ解消されれば、多くの問題は解消されていたし、されるということです。

まずはこの認識が非常に重要だと思います。

Part 7

金融・為替に関するトンデモない誤解と嘘

「通貨安でつぶれた国がある」に関する誤解

「自国通貨高でつぶれた国はないが、自国通貨安でつぶれた国はある。だから通貨安はよくない」と声を大にして話している識者がいます。

でも、それはやはり、間違った解説だと思います。

たしかに「自国通貨安がまずい国」というのはあります。まさに通貨危機の時のアジア諸国がそうでしたし、アルゼンチンもそうでした。

国や企業が外貨建てで借金をしている時に、自国通貨が安くなるのはまずいのです。

日本は今、１０００兆円弱の借金があります。それを１ドル１００円の時にすべてドル建て債券で調達していたと仮定しましょう。1000兆円÷100円で10兆ドルの債券を発行していたわけです。借金は全部ドル建て日本国債、つまり日本の国債なのですが、ドル建てで発行する。ドル債とは満期の時もドルで返済するのです。

満期が来ました。10兆ドルを返そうと思った時、1ドルが200円の円安になっていたらどうでしょう。1000兆円ではなく2000兆円の準備をしないと、10兆ドルの債券の支払いができません。10兆ドル×200円＝2000兆円だからです。こんなに返済用の円が必要になれば、とたんに財政破綻です。私など1000兆円で、もう駄目だと言っているのですから。

このように外貨建てで借金をしている国や企業は、自国通貨安になったら大変なことになってしまいます。そこで、このことを指して、「自国通貨安でつぶれた国がある」ということがあるのです。

日本のように外貨建ての借金をしていない、ドル建て日本国債を発行していない場合は、「通貨安でつぶれる論」は当てはまらないのです。

「円安要求をしてはいけない」という誤解

前に述べましたように、米国の労働者団体はよく、「輸出のためにドル安を！」と要求します。しかし、日本の農業団体とか労働組合とかが「円安を！」と主張しているのを聞いたことがありません。

理由の1つは、日本人は為替のことがよくわかっていないからだと思います。「円高の方がいい」などと言う論者もいるため、円安がいいのか、円高がいいのか、よくわかっていないのでしょう。

ヨーロッパ人はユーロが始まる前は為替になじみがありました。国が隣接していましたから、ドイツに住んでいる主婦が気楽に、「ドイツマルクを売って、フランスフランに換えておき、翌日ドイツマルクを買い戻す」と、まさに八百屋さんで野菜を買うがごとくに他国通貨を買ったりしていたのです。ですから主婦レベルまで通貨になじみがあったわけです。

一方、日本人はそういう経験がありません。為替に関与するのは、昔は、海外旅行をする時くらい。それも一生に1回とか2回にすぎなかったのです。ですから、為替は日常生活とはかけ離れた別世界のものだったのです。労働組合や農業団体の指導者が、感覚的に為替を理解できなかったのは、わからないでもない気がします。

日本人が「円安を！」と主張しなかった2つ目の大きな理由は、日本は昔、貿易立国だったからだと思います。電気製品などをアメリカに売って、大きな貿易黒字国となっていたわけですが、貿易黒字の国は「通貨安を！」と言ってはいけないのです。

なぜかというと、「日本がテレビを米国に輸出している」とは、「米国に失業を輸出している」ことになるからです。日本が洪水のようにテレビを輸出すると、米国にあるテレビ工場はつぶれてしまいます。工員は失業です。ですから「労働の搾取だ」などと言われたわけです。貿易黒字が大きいということは、他国民の仕事を奪う。ですから、「さらに輸出を増やすために円安を！」という主張は禁句なのです。

ところが今、日本は貿易立国ではありません。

2011年なぞ貿易収支は赤字が予想されています。かつサービスの赤字を加えた

「貿易＋サービス」はかなりの赤字になりそうです。

ところで、脱線しますが、他国で貿易収支というのは「モノ＋サービス」の収支なのですが、日本の場合、なぜか「モノ」の収支だけなのです。サービスはサービス収支として別に発表されています。モノとサービスの違いは、税関を通るか、通らないかだけの違いです。それなら、なぜ分けて発表する必要があるのか私は疑問に思っています。

八百屋さんで野菜を買うのと、床屋さんに散髪料を払うのを別の家計簿に記入する必要があるのか、という疑問と同じです。日本人は昔からサービスに対して金銭を払わないという習慣があったせいでしょうか。

モノとサービスを分けて発表することに弊害がないのなら、無駄なことをやっているなと思うだけなのですが、実は弊害があるのです。

日本は恒常的にサービス収支がかなり大きな赤字になっていますから、「貿易＋サービス」の黒字は大きくありません。ですから、日本はもはや貿易立国ではないのです。

しかし、貿易収支の「モノ」の黒字だけをみれば、小さくなったとはいえ、まだそこそこの黒字です（2011年は違います）。日本はこの黒字の部分だけを貿易黒字として発表するのですから、他国に誤解を生じさせます。**日本では貿易収支とは「モノ」の数字だけでも、他国では「モノ＋サービス」の数字ですから、他国からは日本の貿易収支も「モノ＋サービス」だと勘違いされてしまうのです。**

ですから他国からみると、日本はいまだ貿易立国と誤解されてしまいます。「円安を！」と主張してはいけない貿易立国とみられてしまうのです。本当はもう貿易立国ではないのに、です。

こういう国益に反することは、政治家主導で直さなければいけないと思います。

ところで、**日本は相変わらず経常黒字国ですが、日本が経常黒字なのは、所得収支が大きな黒字だからです。**

所得収支というのは、かつて貿易黒字で貯めたドルを海外に投資した、その配当金と利息のことです。

経常収支という言葉もよく聞くと思いますが、これには「貿易＋サービス」収支と所得収支の2つが含まれます。日本は今や所得収支の方が多いのです。自分で働かないで、お金に働いてもらっているようなものです。言い換えれば、定年退職した人みたいなもので、給与で生活しているのではなく、過去もらったボーナスとか給料を海外に投資して、そのあがりで食べているのです。日本は成熟国家なのです。多くの方が信じているような、「貿易＋サービス」立国では、もはやないのです。

ところで民主党政権は「分配による景気回復」を志向して、「内需振興政策」を掲げていました。しかし、内需拡大は1986年に発表された前川レポートで提唱されて以来、何度も叫ばれていますが、過去に内需が振興したためしがないのです。

ましてや少子高齢化で人口が減っている以上、内需拡大での経済回復など、さらに難しくなっているはずです。

前川レポートは、「貿易＋サービス」の黒字が大きく、その是正策だったのですから、外需振興を主張できなかったのです。

しかし、2008年度の「貿易＋サービス」収支は赤字です。2011年度の「貿易＋サービス」収支もそうなりそうです。ですから今は、「円安を！」と国際的に言っても何ら問題はないのです。円安によって国際競争力を回復させ、外需振興政策を目指すのが日本経済を復興させる唯一の道だと思うのに、不可能な内需振興を旗印にバラマキをしているのです。日本経済が低迷するのも当然です。

さらに脱線しますが、「日本人が生きて行くために、金融は日本にとって重要な産業だ」と私が主張するのは、そういうところにあります。日本は優秀な技術立国だ、モノづくりの国だ、といばっても、こんな円高では技術力で食べていけないのです。話をもとに戻しますが、貿易立国の時は、「さらなる円安を！」と主張してはいけないという話をしました。外国人の労働機会の搾取だからです。

しかし所得収支の黒字は、他国になんら迷惑を与えません。海外に投資した結果が所得収支の黒字ですが、海外に投資するということは海外の資本市場を安定させ、金融マンに仕事を与えます。他国から感謝されこそすれ非難される筋合いは全くないのです。ですから日本は、「円安を！」と大声で叫んでも全く悪くなかったはずです。それを主張しないのは間違いだったと思います。

「ヘッジファンドの売りでマーケットが崩れる」という誤解

昔からヘッジファンドがどんなことをしているのかを知っている人は多くはないので、「見えない怪物は怖い」と思っている人も多いかと思います。

1998年のロシア危機の時のことです。

1998年にドル／円が147円くらいまで上昇し、その後、急落したことがあります。確か110円を割ったと思います。その大きな動きがある直前、新聞がロシア危機と米系ヘッジファンドのグローバル・キャリートレードとの関係を頻繁に書いていました。

例えば「円買い／ドル売りを主導しているのは米系ヘッジファンド。今までは金利の低い円で借り入れた資金を為替市場でスワップし、米国株やロシアなどのエマージング市場に投資する『グローバル・キャリートレード』を進めてきたが、ロシアの経済危機でこうした取引を手仕舞う（解消する）動きがある」というような内容です。

「円を借りて、高い金利の通貨の資産を買う」というのが円キャリートレードです。この取引を皆がやっていたのでドルが買われていたが、これを解消するのではないか。要するにドルを売って、円を買い戻すのではないかとの話です。

彼らがやっていたのはキャリートレードではなく、買ってあった高金利通貨のフォワード・ポジション（先物為替持ち高）の反対取引（この場合は売り）をしただけだと思いますけれど、新聞はキャリートレードと書いていました。

このような話を、その年の夏、2カ月間にわたってずっと新聞が書いていたのです。まさに朝から晩まで「ヘッジファンドがグローバル・キャリートレードを解消する」という記事のオンパレードです。新聞だけでなく、テレビのニュースでもとり上げていました。皆が「キャリートレードの解消」という「わけのわからないもの」を怖がっていた時に、さらに当時は「よくわけがわからないヘッジファンドなるもの」が、それを「仕掛ける」というのです。そうなると、もう投資家たちは慌てふためいて、バッサ、バッサとドルを売ったんですね。

1998年10月9日の日経新聞の記事に「売りが売りを呼び、『ヘッジファンドのドル売りが1とすれば、それ以外の市場参加者が10は売った』(モルガン銀行東京支店の藤巻健史支店長)」と書いてありましたけれど、まさにそういうことで(笑)。

要は「ヘッジファンドが『売るぞ、売るぞ』」と朝から晩まで言われ続けていたものですから、ヘッジファンドが1単位売った途端に、まわりの人がワーッと一斉にドルを売りまくったのでしょう。ヘッジファンドの1単位の売りに対して、他の市場参加者の10単位のドル売り。私は新聞記者に1単位に対して50単位の売りと言ったつもりでしたが(笑)、1単位に対して50単位とか、100単位とか、ものすごい勢いでドル売りが出てしまったのです。

ヘッジファンドが見えざる怪物だったので、皆があせってしまったのです。これが、あの時のドル急落の原因だと私は思っています。ですから「ヘッジファンドの行動が注目を浴びて、市場を動かしたというのは事実」なのですが、それ以上に「まわりが囃《はや》し立ててまわりの方が先に売ってしまった」というのが現実だと思います。

ヘッジファンドでは基本的にワンビリオンダラー(10億ドル)以上の資産を持っている場合に大手と言われるのですが、テンビリオンダラー(100億ドル)以上の資産を持つヘッジファンドはオペレーション（売り買い）が難しいと思います。

為替で50億ドル売ろうと思っても、非常に大きい注文なので、50億ドルを一度に売り出すわけにはいきません。例えば、とりあえず5億ドルの売りを出したとして、それが銀行間に知れ渡って、まわりに先にドルを売られてしまうのです。

ですから、最初は少額のドルを売ろうと思っても、一部売った段階でドルの値段が下がってしまう。そして、残りは売るに売れないという状態に陥ってしまうのです。

取引量がでかいがゆえに、かつ皆があまりにも注目しているがゆえに、コソコソやろうとしてもできないのです。

為替の取引は、銀行を通して売買します。その銀行がヘッジファンドから10単位のドル売りオーダーをもらったら、「このヘッジファンドは他の銀行にも注文を出してやっているのだろうな。ドルは下がるな」というので、30単位のドルを売ったりするわけです。自分の勝負を上乗せするわけです。

ということで、図体《ずうたい》がでかすぎるヘッジファンドは、行動がとりにくいという状態になっています。

もっとも私は「ドルが下がったり上がったりした時の『後づけの理由』として、ヘッジファンドが使われている気がしないでもない」と思っていますが。

「著名人発言」に関する誤解

2011年10月27日の日経新聞1面トップ記事の中で、久しぶりにダラーラ氏の名前を発見しました。「サルコジ大統領やメルケル独首相、IMFのラガルド専務理事らが民間の窓口である国際金融協会（IIF）のダラーラ専務理事と直接交渉に乗り出し……」とありました。相変わらずお元気のようでなによりです。

ダラーラ氏は元米国財務省の財務官補で、円ドル委員会の米国側代表として活躍した人。為替の世界（とくにドル／円）ではとても有名だったのです。

ちなみに財務官補は、「補」とつくので偉い役職のようには聞こえませんが、日本では局長レベルです。

私はモルガン銀行の資金為替部長時代や支店長時代に毎日、手書きのファックス通信「プロパガンダ」を書いて、日本国内の金融関係者やマスコミに送っていました。

同時に英訳をして、当時は珍しかったメールで英語版を配信していたのです。モルガンNY本店の経理部を通じて私の業績が世界中に知られることとなり、その人のマーケット・ビューということで、この英語版プロパガンダはヘッジファンドのオーナーなど世界中の投資家の注目の的でした（と自負しております）。ヘッジファンドのオーナーが集まった会で、日本のことが議論になり、「今、日本で一番有名なのは榊原英資《えいすけ》（当時の財務官）、2番目が藤巻ケンタ（私の長男）、3番目が橋本首相」との結論になったと、その会に出席した著名なヘッジファンド・オーナーから聞きました。私がケンタの成績を日本経済にたとえるなどして、頻繁にこの「プロパガンダ」に登場させていたからです。

さて、その英訳ですが、いつも総合職の部下であり、バイリンガルの女性、ウスイとツウバに任せていました。そこで、彼女たちが相談しながらつくった「財務官補」の英訳は、candidate for secretary（財務官候補）。「アホー!」と言ったら、次はnominated to secretary（財務官に指名された人）でした。そりゃ創造力があるのは認めますけれどね、英語の固有名詞があるんですよ、Assistant Secretaryというのが。いい加減なタイトルつけると彼怒るぞ！　ああ、我が業界で超有名人だったダラーラ氏も、彼女たちにかかったらカタなしだ～と嘆いたこともありました。

しかし、なにはともあれ、彼は偉かったのです。米財務省を辞めた後、JPモルガンに入社されたので、いろいろお伴をさせていただきました。私は当時、1人で大蔵省（当時）に行く時は、いつもうつむいて廊下の端を小走りしていましたが、彼のカバン持ちでついて行く時は別でした。彼と一緒に廊下の真ん中を胸を張って歩くと、大蔵省の局長レベルの方が道をあけて挨拶してくるのです。「立場が違うと、こうも豹変《ひょうへん》するフジマキは何といやらしいのか」というご意見は横に置いておいて、ダラーラ氏は財務官補を辞めた後でも、それほど影響力があったのです。

その彼が私に言った言葉は、

「私の発言でずいぶん為替のマーケットが動いたが、私の真意がマーケットに伝わったことは一度もない。いいかタケシ。一度も、だぞ！」

私はこの言葉を肝に銘じています。これは世界中の投資家が心にとめておくべき発言です。

ところでモルガン銀行の支店長時代のある年、私は当時「Mr.円」と呼ばれるほど為替マーケットに影響力があっただけでなく、その他のマーケットにも非常に影響力のあった榊原英資財務官の講演を聞きに行ったことがあります。

マスコミ入室禁止の講演会だったのですが、影響力の大きな方だっただけに、講演会が終わって私が廊下へ出ると、4社ほどのマスコミが待っていました。講演聴講者をしきりに呼び止めて、講演内容を聞こうとしていたのです。ところが、サラリーマンは名前をマスコミに出すのを躊躇します。会社の事前許可が必要な場合もあるでしょう。皆マスコミから逃げ回る。ところが、出たがり屋の私は違ったのです。マスコミにジワジワとにじりより、話しかけました。

「どんな内容でしたか?」という質問に対して正直に答えました。繰り返しますが、正直に、です。榊原さんがおっしゃったことを間違いなく伝えました。しかし、正直に答えたのは、私の勝負に都合のいいことだけで、都合の悪いことには「忘れました」と答えました。私は決して嘘をついたわけではありません。都合の悪いことは忘れてしまったのですから仕方がありません。忘れっぽい人を「頭が悪い」と非難してはいけません。

モルガン銀行に戻り、コンピュータースクリーンを開けると、私が記者に伝えたことがきちんと記事になっていました。榊原さんのおっしゃった内容です。もちろん私の記憶していたことだけが記事になっていました。そして、マーケットは私の都合のいい方向に動き、私は多少なりとも儲かったのです。講演者の発言が一部だけマーケットに伝わると、マーケットが誤解して違う方向に動くよい例です。

ところで、榊原さんといえば、ある講演会で（私は出席していなかったのですが）、「1998年の12月以降『国債の需給』を囃し立てるオオカミ少年がいる」とおっしゃった時、参加者の多数の方が「フジマキのことだ」と思って、クスッと笑ったという報告を部下から受けました。榊原財務官に言及していただけるならこんな光栄なことはありません。ただし、それは私のことではありません。私のことなら、財務官は「オオカミ少年」でなく、「オオカミおじさん」とおっしゃったはずですから。

また、たしか円安防止の内容が入っているG8コミュニケ（声明）が発表された後、榊原財務官の「G8コミュニケは重要である」という発言が、新聞のヘッドラインになり、マーケットが円高に振れたことがあります。私はこれも「マーケットがマスコミに振らされたのではないか？」と疑っています。

榊原財務官自らが、積極的にマスコミをつかまえて「G8コミュニケは重要である」とおっしゃったのか、それともマスコミが財務官に「G8コミュニケは重要ですか？」と聞き、財務官が「イエス」と答え、それが「G8コミュニケは重要である」というニュースになったのかでは、その意味するところが全く違うはずです。

前者であれば、単にコミュニケの字面《じづら》以上の政府の（円安防止の）決意が感じられる一方、後者では何らニュース価値はなく、マーケットは本来微動だにするはずがないからです。

そもそも財務官が「G8コミュニケは重要か」という質問に対し、立場上、「ノー」とは答えられるわけがないのです。そんなことをしたら他国から総スカンです。その辺の差は新聞を読んだだけでは理解できないのです。

マーケットに関して、新聞を読む際に注意しなければいけないこと、そして「著名人発言」は曲解されてマーケットを動かすことについて意見を申し上げました。

「円高は米国の陰謀だ」という嘘

もっとタチが悪い誤解は「世界経済は米国が支配している」「円高は米国の仕業《しわざ》だ」などという陰謀説です。

陰謀説というのは、たしかに小説としてはおもしろいかもしれませんが、30年近くマーケットに携わっていた私からすると、チャンチャラおかしいのです。

為替は市場があまりに巨大すぎて、米国政府なぞが動かせるはずがありません。そんなの、市場で多少大きな金額を取引してみれば、すぐに実感できることなのです。

昔、日本政府が日本株の下落を抑えようと、「PKO」(Price Keeping Operation)というのをやりました。日本株を買い支えようとしたのです。でも日本株はずるずる下がってしまいました。日本政府が全力を出しても何ら効果はなかった。このPKOの方が、米国が為替を動かすのより数倍もやさしいにもかかわらず、です。

米国が為替を思ったとおりに動かせるのなら、２００８年の金融危機など起こりようがありません。あの金融危機をも米国の陰謀だというのなら話は別ですが。私にはそういう方とは付き合っている時間はありません。

マクドナルド平価説の誤解

よく「購買力平価説でいうと、円は適正レベルだ」という話を聞きます。

購買力平価説では「世界中で同一のものの値段はすべて同じであるべき」ということで、そこからあるべき為替のレートを計算するのです。その購買力平価説の１つに、「マクドナルド平価説」というのがあります。

もう10年近く前ですが、毎日新聞にマクドナルド平価説に関しての記事が載っていました。マクドナルド平価からいうと、「ドル／円は１０５円が適正である」という内容でした。具体的には、「マクドナルド平価はイギリスの経済誌エコノミストが毎年発表するが、ビッグマック１個をいくらで買えるか。ビッグマックは日本では２６

2円、アメリカは2・49ドル。262円÷2・49ドルと計算すると約105円になる」というものです。

要するに、マクドナルド平価説によると、「262円と2・49ドルが同じになる為替レートが、本来あるべき為替レートである」ということです。

マクドナルド平価説は、私に言わせると問題があります。

アメリカのビッグマックはアメリカの肉やレタス、小麦粉を使ってつくっていると思います。一方、日本のビッグマックは、小麦粉もレタスも肉も全部輸入ものでつくっていると思うのです。円が強すぎるがゆえにこれらの原材料を非常に安く輸入できて、それだからこそ日本のビッグマックは安いと思うのです。

マクドナルド平価説によると、ドル／円は105円であるべきなのですけれど、その当時のドル／円は130円であるから、その当時の円は弱すぎる、という結論になっていました。

私の説だと、逆になります。円が強すぎるがゆえに原材料が安くなり、ビッグマックは日本では安く売れるのだという結論です。小麦を安く買え、肉を安く買え、レタスも安く買えるから、262円で売っているのです。円が強すぎるのです。弱すぎるのではありません。卵と鶏の議論ですが、購買力平価説は一見、科学的にみえますがちっとも科学的ではないと私は思います。

「期末にヘッジファンドが株を売る」の嘘

為替マーケットで、まことしやかに述べられている嘘の1つが、「期末要因の嘘」。新聞をみていると、期末が近づいてきたので、ヘッジファンドが本国にお金を送金するため、円を売ったという話が出てきます。株式市場では、「ヘッジファンドが利益確定のために日本の株を売っている」という話もでてきます。それらは嘘です。

ヘッジファンドもそうですが、アメリカの企業は徹底的な時価会計をやっています。時価会計というのは、毎日保有債券や保有株式の評価をする方法です。売らなくても、毎日損益が出ているのです。

日本の企業ではいまだに簿価会計が多用されていて、売った時に初めて利益を計上したり損を計上したりするのです。しかし米国企業やヘッジファンドは完璧な時価会計を採用しているのです。保有株式を売っても売らなくても、損益は毎日算出されるのです。利益を確定するためにわざわざ株を売る理由はないのです。

あえて言うならば、「期末が近づいてきて、今年の利益がほぼ確定したので、もうあまり勝負をしたくない。だからポジションを減らそう」ということはあり得るかもしれません。

しかし、利益を確定するためにわざわざ株を売ったり、期末に利益を出して本国にドルを送るために円を売らなくてはならない、などということはないのです。

「米国債格下げに伴う邦銀のドル売り／円買い」の嘘

米国債格下げの噂があった時、「格下げに備えて邦銀が米国債を売っている。これはドル売り／円高要因だ」と解説する新聞記事がありました。これも誤解です。

邦銀の米国債保有のモチベーションは、短期で米国債を調達し、長期で運用して利《り》鞘《ざや》を確保するというところにあります。ですから米国債を買うドル資金は、米国の短期金融市場からドルで借りてきていることはPart1で述べたとおりです。

通常、長期の金利の方が、短期金利よりも高いものです。例えば長期金利が3%で、短期金利が0・5%などです。

そのような長短金利の利鞘目的で米国債を買っているわけで、為替のポジションをとろうと思って、米国債を買っているわけではありません。

したがって、売却で得たドルをドル短期市場に返済して終わりというだけの話で、邦銀の米国債売りによって、ドル売り／円買いが発生するわけではないのです。ドル短期市場から借りていたドルを返すと、もう売るべきドルは残っていないからです。

たしかに「邦銀が米国債を売る」と聞くと、「ドル売り／円買いをするんだな」と想像してしまいたくなるのはわかりますが、それは間違いなのです。

投機家が誤解に乗じて仕掛けようとする可能性はあります。ただ、それは実需の動きではないのです。

なお、日本の生命保険会社は、円をドルに換えて米国債に投資しています。

したがって、彼らが米国債を売却するのならば、それは「ドル売り／円安要因」になる可能性はあります。ただし先物でヘッジをしていなければ、の話ですが。

「キャピタルフライト」という誤解

「キャピタルフライト」に関しての誤解を述べます。

私が「日本の景気回復のためには円安政策が必要だ」と話すと、キャピタルフライトを問題にする人がいます。キャピタルフライトとは、国内から海外へお金がいっせいに流出することを意味しますが、「お金が海外に出て行ってしまって、日本に必要なお金が足りなくなってしまう」と反対されるのです。

これは「お金とは一定量しかなくて、海外にお金が出て行ってしまうと国内のお金が不足する」という誤解から生じたものだろうと思います。

しかし、お金の量は一定ではありません。お金は日銀が好きなように供給できます。ですが、供給しすぎると、お金の価値が減少してインフレとなります。一方で、供給不足だと経済に必要なお金が不足し、経済が悪化し、デフレになります。

ですから日銀は、お金の供給量に敏感なのです。

現在、日銀は日本国内のお金をジャブジャブにしています。日銀は、お金をジャブジャブにする際に、民間銀行が日銀に持っている当座預金の残高を増やします（これを量的緩和といいます）。

「当座預金の残高が増えれば、民間への貸し出しが増えるだろう」という発想です。

民間銀行は、当座預金にお金を置いておいても金利はゼロですから、日銀が資金を大量に供給すれば、多少なりとも貸出にお金が回り、景気がよくなるだろうというのです。

ということで、日銀の供給により、国内にお金は十分にあるのです。ですからお金が海外に出て行っても、日本国内が資金不足になるということは現状はあり得ません。日本にお金を置いていても誰も使ってくれないのですから、海外にお金が出て行ってもよいのです。

このことから「お金が海外に出て行ってしまって、日本に必要なお金が足りなくなってしまう」という心配は杞憂《きゆう》だということがおわかりかと思います。

海外にお金が出て行く。多くの人がハワイに不動産を買ったり、米国の株を買う。すなわち、多くの人が円を売ってドルを買えば、ドル／円が1ドル77円から120円、150円と上昇していきます。こうなると日本の景気は無茶苦茶によくなります。工場は日本に戻ってきて商店街は再開する。△△産業株式会社の株は上昇し、工場用地の値段は上がり、プラスの資産効果で景気がよくなって、インフレにもなってくる。

そうなれば、また日本に魅力的な株やら不動産やらの投資物件が増えてきます。そうなると、今度は「米国の株を売って△△産業株式会社の株に投資しようかな」という人が増えてくるのです。お金は、日本に戻ってくるのです。

キャピタルフライトといってもお金は外国に行ったきりではなくて、キャピタルフライトによって日本の景気がよくなれば、また戻ってくるのだ、お金は未来永劫に日本を離れるのではないのだ、ということを理解するべきだと思います。

そして、より重要な点として、キャピタルフライトなくして日本の景気回復はあり得ないということも、十分理解していただきたいと思います。

「為替が変動すると企業が大変」という誤解

「たしかに『変動相場制が1国の経済によい』というのはわかった。しかし、企業の経営者からすると、為替が動くのはよろしからん」と言う経営者の方もいらっしゃるかと思います。1年間かけて一生懸命積み上げた利益が、突然の為替の動きで、一晩で吹っ飛んでしまってはやっていられない。何のために働いているかわからない、というのではご不満でしょう。「だから市場原理主義は悪だ」などという極論を吐く方もいらっしゃいます。

しかし、待ってください。為替が動かないと、景気の自動操縦装置が働かなくなります。景気はまさに片翼飛行のようにコントロール不能で、どこへ飛んでいくのかわからなくなります。企業にとっても、国の経済が安定しているのが第一だと思います。

そのためには、為替が国力に合わせて大胆に動くことが必要なのです。政治家がいつも「為替は安定が一番」というのは大間違いなのです。それは一企業の経営者の考え方であり、国の指導者ならば「為替は国力に合わせて大胆に動くのがよい」と発言しなくてはいけなかったのです。円高のまま安定してしまったからこそ、日本経済は低位のまま安定してしまったのです。

国のために「為替の変動相場が不可欠」ならば、企業はどう対応したらよいのか、という疑問ですが、そのために「為替のデリバティブ」があるのです。

先物やオプションなど完璧とは言えないまでも、それなりの知識とヘッジ費用をかければ、為替変動のリスクから自分の会社を守れるのです。その勉強を怠って、「だから市場原理主義は悪だ」などと不満タラタラでは、経営者の資格がないと思います。

デリバティブ・マーケットを「儲けるための場にすぎない」などと言って発展させなければ、日本企業は国にとっては不可欠な為替の動きに翻弄《ほんろう》されることになります。その辺を政府や公的機関の方々、政治家には十分理解していただきたいと思います。

国と企業が共存し、豊かな未来を築きたいのなら、デリバティブ市場を発展させなくてはいけないのです。

デリバティブは「ヘッジでもある」という表現がよく使われますが、私は「保険機能でもある」という表現の方が適切かと思っています。

ある国で火災保険がギャンブルだと禁止されたら、家を建てる人は減るのではないでしょうか。ある国で自動車保険がギャンブルと禁止されたなら、自動車を購入する人は減るのではないでしょうか。保険がないとリスクに対処できないからです。怖くて仕方がありません。

市場取引を増やして真の資本主義に向かいたいのなら、保険でもあるデリバティブ市場を発展させていかなければならないのです。

「円高だとM&Aがしやすいからメリット多し」という誤解

「円高はどうしようもないのだから、そのメリットであるM&Aを推進せよ」という論調が目につきます。これには2つ反論をしておきたいと思います。

1つ目は、円安は誘導できるのだから、最初から「動かせない」とあきらめるべきではなかった、ということです。

第2に、M&Aを推進したところで、メリットがあるのは日本の名前がついた企業だけだ、という点です。

企業にとって今が吸収合併のチャンスであることは認めます。

しかし日本人にとっても、日本政府にとっても本当に望ましいのかは、一概には言えないということです。悪いとは思いませんが、プラス面も少ないと思います。

買収した会社にそのままのオペレーションをさせ、現地で製品を販売するのならば、日本人の雇用が増えるわけではありません。

もし、買収する企業の株主の大部分が日本人であれば、配当金で日本人の収入が増え、日本国の税収も増えますが、残念ながら、日本人は株を投機とみなしているため、多くの人が金を投入しているわけではありません。

となると、吸収合併が成功して喜ぶのはほんの一部の日本人経営者だけであって、日本人労働者の雇用機会が増えるわけでも、配当金というおこぼれをもらうわけでもないのです（もちろん、合併する企業の株主の大部分が日本人であれば配当金の増やキャピタルゲインで日本人の利益に貢献します）。

こう考えると、海外に進出して人を雇う日本企業より、日産という外国企業の方が、よほど日本にとっていいのです。日本人に非常に多くの働く場を与えてくれるからです。

同じような話なのですが、2011年8月18日付の日経新聞のトップニュースは、「車の世界生産　最高水準」という記事でした。今年度通期で「国内乗用車メーカー8社が世界中で2300万台弱」の車を生産するという内容です。

トヨタは2011年の秋に米国ミシシッピー州に新工場を立ち上げ、インドでは低価格車をフル生産するとのこと。ホンダは2011年末に中国広州で新工場を稼働させ、日産はインドの工場での生産能力を9月に年5万台から10万台に引き上げるそうです。またスズキもインドなどで増産するそうです。

この記事を読んで「日本経済は強い」と喜んではいけないのです。日本の自動車会社（日産は日本企業ではありません）が海外で生産を増やしても、給料をもらうのは外国人ですし、所得税や法人税を取るのは外国政府です。下請け仕事が増えるのは外国企業で、海外での設備投資で潤うのも外国企業だからです。

日本名をつけた会社が元気でも、海外で増産している限り、日本経済が元気になるわけでも、日本人の所得が増えるわけでも、日本政府の税収が増えるわけでもないのです。

さらには、この記事の中に、「今後の課題は円高への対応。欧州や韓国勢が自国通貨安を武器に攻勢をかけており、一段のコスト削減を迫られる」とあります。

円高だからこそ、日本最高級企業トヨタの２０１１年の純利益予想（１８００億円）が、つい最近倒産しかかったはずのフォードの２０１０年の純利益（５１００億円）より少ないのです。

付録 世界一わかりやすい「為替」の授業

「為替」がわかれば、「経済」が読める

為替は、個人が資産運用を考えるうえでも、そして日本経済を理解する面でも非常に重要です。ですから最後は、為替のお話でしめくくりたいと思います。

ミクロレベルで言うならば、皆さんが、アメリカ旅行やヨーロッパ旅行に行く時に必要な知識であるばかりか、資産運用にとっても非常に重要な知識なのです。

私は、「日本の財政破綻は近いと思うので、保険の意味で、少しでも海外資産を買っておきなさい」と申し上げていますが、海外資産ですから当然、為替の知識は不可欠です。

為替は、自分自身が破綻しないための知識であるとも言えるのです。

また、マクロでみると、日本経済にとって非常に重要な要素なのに、これだけ軽んじられていた要因も他にありません。最近、やっとそれに気づいた論調も、少しずつではありますが、出始めました。為替が軽んじられていた理由は、為替についてよくわかっていなかったせいだと思います。

為替の知識がなくては景気の先読みはできませんし、経済を論じるのはもってのほかだと思います。

そういう点でぜひ、皆さんも為替の最低限の知識を身につけていただきたいと思います。

「1ドル　76円20銭–30銭」の意味とは

NHKなどのテレビの朝のニュースで、「1ドル　76円20銭–30銭」という表示が出て、アナウンサーが「76円20銭から30

1ドル　76.20-30

銭で取引をされています。あっ、今、変わりました。25銭から30銭で取引されています」というような原稿をよく読むのですが、この発言は正しいとも言えるし、正しくないとも言えます。

ドルを買いたい人は、なるべく安く買いたい。例えば76円10銭で買いたい人もいるでしょうし、76円15銭で買いたい人もいるでしょう。

その中で最も高く提示されたのが、76円20銭なのです。この値段が**「ビッドレート(bid rate)」**、要するに**買いたい人が提示する、一番高いレート**として画面に表示されるのです。一番高いレートですから、**売り手にとっては一番魅力的なレート**です。

一方、売りたい人は、なるべく高いところで売りたい。当たり前です。他の商売と同じで、なるべく高く売りたいわけです。1ドルを78円で売りたい人もいるし、77円で売りたい人もいるし、76円50銭で売りたい人もいる。**一番安く売ってもいいや、という人のレートが76円30銭**ということです。**これは「オファードレート(offered rate)」**、売り手レートといいます。

一番安く売ってくれるのですから、買い手にとっては一番うれしいレートなわけです。安ければ安いほどいい。年末大セールと同じです。

1ドルにつき、**「一番高い値段で買ってもいいよ」という人のレートが76円20銭。「一番安い値段で売ってもいいよ」という人のレートが76円30銭**ということが、この「1ドル76円20銭－30銭」という画面になるのです。

ここはキモですから、しっかり頭に入れておいてください。

土地の売買を考えてみればわかりやすいのですが、ある土地を3000万円で売りたいと思っている人がいる。一方、この土地を2000万円で買いたい人もいれば、2500万円で買いたい人もいる。一番高い値段は2700万円だ。となると、2700万円が買い手レート（ビッドレート）、3000万円が売り手レート（オファードレート）という話になります。

最初、両者が、にらみ合っているわけですね。

ところが、相続税支払いの期限が迫ってきて、この土地を売らないと相続税が払えないとなると、売り手は、「しょうがない、2700万円で売ろう」と決断するわけです。この場合、2700万円で取引が成立します。

一方、「この土地をどうしても買いたい。息子がもうすぐ結婚するから、これを機に隣にどうしても住んでもらいたい」と思えば、他の人に売却されてしまう前に、「しょうがない、3000万円払って確保するか」となるわけです。この場合3000万円で取引が成立します。

為替もこれと同じで、76円20銭－30銭で売り手、買い手がにらみ合っている中、どうしてもドルを売りたい人は76円20銭で妥協するのです。本当は76円30銭で売りたいけど、いつまで待っても誰も76円30銭では買ってくれない。自分の予想では、ドルはもう少しすると下がってしまう。「早くいいレートで売らなくては」とあせるからです。

どうしてもドルを買いたい人は76円30銭をとりに行きます。本当は76円20銭で買いたいのだけれど、いつまで待っても誰も76円20銭では売ってくれない。自分の予想ではドルはもう少しすると上がってしまう。「早くいいレートで買わなくては」とあせるからです。

ということで、アナウンサーが発表するように、「76円20銭から30銭で取引されています」という表現は間違ってはいないのですが、正確に言えば「一番高い買い手のレート、これは高く売りたい売り手にとって一番魅力的なレートなわけですが、それが76円20銭。一番安い売り手レート、これは安く買いたい買い手にとって一番魅力的なレートなわけですが、それが76円30銭」で両者向き合っています、というのが厳密な言い方です。

ところで、皆さんが銀行窓口にドルを買い（売り）に行くと、仲値《なかね》（基準レート）である76円20銭から1円高い77円20銭が銀行の売り値、76円20銭から1円低い75円20銭が銀行の買い値と表示されています。

皆さんが、アメリカに行きたいからドルを買いたいとします。いくら銀行と同じように75円20銭で買いたいと言っても、銀行は絶対に売ってくれません。銀行が値段で妥協する必要はないからです。銀行としては「75円20銭しか払う意思がないのなら、どうぞ他の銀行へお行きください」と言えるからです。デパートでの買い物と同じです。

そこで、皆さんがドルを買いたい場合は、銀行の売り手レート77円20銭でドルを買うのです。

一方、アメリカ旅行から帰って来て、余ったドルを売りたければ、銀行の買い手レート75円20銭で売るしかないのです。その差はいわば、銀行の手数料です。銀行は別に社会福祉事業をやっている非営利団体ではないのですから、儲けも必要です。

我々ディーラーは何をするかというと、野菜とか、リンゴの売買と同じで**「安いところで通貨を買って、高いところで売る」**ことにより、儲けようとする。もしくは**「高いところで売っておいて、安くなったら買い戻す」**ことで儲けようとする。これを商売としているわけです。

投機家はなぜ存在するのか

少し脱線しますが、ここで投機家の存在意義について述べたいと思います。

まず投資家と投機家の違いですが、何かの理由で逮捕された米国人が、逮捕された時に**「投資が成功すると投資家と呼ばれ、失敗すると投機家と呼ばれる」**とコメントしました。

私は言い得て妙だと思いました。

投資家であろうと投機家であろうと、資本主義にとっては必要なのです。必要であれば、善でも悪でもありません。必要な存在、以上！　です。投資家もしくは投機家がいなくなると、資本主義で必要不可欠な市場が消滅してしまうからです。

他の市場同様、為替の世界でも、実需家と投資家・投機家2種類の参加者がいます。実需家とは、モノを売ってドルを入手したのでドルを売らないと従業員に日本円で賃金を払えないとか、ハワイに不動産を買ったのでドルを買い、送金しなければならないなど、為替取引が商売の完結に不可欠な人のことをいいます。**この実需家1の取引に対して、金融機関などの投資家・投機家の売買額は何万倍とも何十万倍ともいわれています。この投資家・投機家がいるからこそ、市場が成立するのです。**

投資家・投機家がいないと、皆さんがアメリカに行く際にドルが必要になった時、成田空港に行って、ユナイテッド航空でアメリカから成田にやってくるアメリカ人をつかまえて、円をドルと交換してもらわなければならなくなるでしょう。それは極端な例としても、銀行でドルを買おうと思ったら1ドル100円、売ろうと思えば1ドル50円という事態になるのです。**市場参加者が多数になればなるほど、為替取引のオファードレートとビッドレートの差は縮まります。**また**少数の人間が市場を操作することなどできなくなるのです。**

為替の話から少し離れますが、投資家・投機家がいなければ、日本に失業者が溢れます。産業界も新陳代謝が激しいのですが、ベンチャーにお金を貸すのは投資家・投機家です。銀行は元本保証のお金を預かっていますから実績主義で、ベンチャー企業などにお金を貸しません。それは銀行の仕事ではないからです。

ベンチャー企業が大きくなるには、「損したらしょうがないけど、儲かったら十分な分け前をちょうだいね」という投資家・投機家のお金が必要なのです。

投資家・投機家のお金がベンチャーに流れず、日本が昔ながらの石炭とアパレルの国だったら、今ごろ町には失業者が溢れ返っているはずなのです。

先物市場はこんなに重要！

為替には、直物取引と先物取引の2つがあります。これは重要ですから、覚えておいてください。皆さん、よくデリバティブ（金融派生商品）という言葉を聞くと思いますが、**為替先物はデリバティブの初歩の初歩**です。

為替だけでなく、株にしても債券にしても商品にしても「先物」と聞くと、すごく悪いイメージがあるかもしれません。そうではないんですよ、という話をまずはします。

著書『マネー避難』でも、先物について少しお話ししました。一部、重なるところもありますが、大事な部分ですので、同書を読まれた方も復習の意味でお読みください。今回はそこからさらに一歩踏み込んでお話ししたいと思っています。

先物と直物とでは何が違うか。

それは、「直物も先物も、値段が今日決まるところは同じです。ところが決済（株でいえば株とお金の交換、ドル／円でいえばドルと円の交換。これを決済といいます）については、直物の決済は今日、先物の決済は将来」という違いがあるだけです。

要は、先物と直物の差というのは、決済が今日か将来か、これだけの違いなのです。

これは為替にかぎらず、株の「直物、先物の差」もそうですし、債券の「直物、先物の差」もそうですし、また商品の「直物、先物の差」もそうなのです。普通の取引と先物取引とでは、決済日に差があるんだ、ということを覚えておいてください。

ところで、直物とは何かというと、NHKのニュースで「今日のドル／円は76円20銭―30銭です」と言っているのは、直物の値段です。

みなさんがアメリカに行く時に、銀行に行って円を売ってドルを買う。これが直物取引なのです。

実際は、プロ同士の直物取引では決済日は2日後なのですが、たった2日ですから、これも直物とみなしてください。

ちなみに株や債券では直物取引という言葉を使わずに、伝統的取引、現物取引と呼びます。株の場合、決済（お金と株の交換）は4日後ですが、これも近いから今日中の決済とみなしてください。

為替では、個人の場合はほとんどが直物取引ですが、企業にとって、より重要なのは先物取引です。

トヨタの財務部の例で考えてみましょう。

例えば、今年の6月30日に米国での車販売の売り上げ10億ドルが入金される予定となっているとします。

本日1月10日、直物が1ドル80円だとします。半年後も1ドル80円だと、10億ドルは800億円になります。この車にかかった製造コストは、750億円とわかっています。お金が入金される6月30日まで何もせずにボーッとしていたところ、6月30日に直物のドル/円が70円まで下落していたら、収入は700億円（10億ドル×70円）となり、コストは750億円ですから、50億円の赤字になってしまいます。そうならないためにも、先物市場が重要になってくるのです。

先物市場では、決済は先（6月30日）でも、値段は今日決まります。今日、値段さえ確定してしまえば、財務部のスタッフは6月30日まで枕を高くして寝ることができます。採算割れの心配もありません。

先物の値段はこうして決まる

そこでトヨタは、先物取引で6月30日決済分の値段を決めようと、みずほコーポレート銀行に6月30日のドル先物売りレート（みずほコーポレート銀行のドル買いレート）を聞きます。この時、6月30日のドル先物レートはいくらになるのでしょうか？

今日の直物のドル／円を80円とします。トヨタは決済日の6月30日に今の直物と同じ80円でドルを売れるかというと、残念ながら、それでは売れません。直物と先物のレートは違うからです。

結論から言いますと、先々のドルは、直物のドルより安くなります。**米国金利の方が円金利より高いからです。**これをディスカウントと言います（逆はプレミアムと言います）。**為替では、金利の高い国の通貨の方が、先物で直物より安くなります。どのくらい安くなるかは、2国間の金利差で決まります。**ちょっと聞いただけでは難しく感じるかもしれませんが、具体例で考えれば、簡単にわかります。

まず仮定を設定しましょう。

今の直物のドル／円が80円、1年物ドル金利が5％、1年物円金利は1％とします。

ちなみに「1年物ドル金利」とは、銀行などから1年間、ドルを借りたり預けたりする時の金利のことで、「1年物円金利」とは、銀行などから1年間、円を借りたり預けたりする時の金利をさします。

今、皆さんが80万円持っているとしましょう。この仮定のもと、1年先のドルの直物の値段はいくらになるでしょうか？

80万円で円預金をすると、金利は1％ですから、1年後に戻ってくるお金は、元本と利息で80万8000円です。それではドル預金にしたらどうでしょう。80万円をまず直物市場でドルに換えます。直物のドル／円は80円ですから、1万ドルを手に入れます。ちなみにこの例では銀行の手数料とか鞘《さや》は考慮しません。手に入れたドルでドル預金をすると、ドル金利は5％ですから、1年後には元本と利息の合計で、1万500ドルが手に入ります。皆さんはここで、円預金とドル預金、どちらをしようかなと考えます。今日の直物、円金利、ドル金利はすでに決まっており、今わからないのは、1年後にいくらでドルを円に換えられるかな？　だけです。

個人がドル預金を躊躇するのは、この1年後の直物のドル／円がわからないからです。1年後の直物のドル／円が今の直物より大きく下がっていたら、損してしまうからです。

そこで、先物で値段を今日決めておこうと考えます。

1年後の先物が、今の直物と同じ80円と提示されたとします。私は大喜びです。ドル預金が1年後に1万500ドル返って来て、そのドルを1ドル80円で売れるのです。そういう値段の約束を今日したからです。1万500ドル×80円で84万円になります。円預金で得る80万8000円より、3万2000円も儲かります。

こうなれば、円預金をする人はいなくなります。すべての値段やレートが決まっていて、未確定事項はありません。確実にドル預金の方が儲かるのです。こんなのおかしい。何がおかしかったのか？　1年先のドル／円が80円というところがおかしいのです。

もし1年先もドル／円が80円で取引できるのなら、私なら銀行から80万円を借りて、1年後に銀行に元本と利息を合わせて80万8000円を支払うこととします。それと同時に80万円を直物市場でドルに換え、5％のドル預金をします。そして、1年先のドルを80円で売る約束をします。1年後にはドル預金で84万円が手に入るのですから、そこから銀行に借りたお金、80万8000円を支払っても、3万2000円が手元に残ります。銀行から借金さえできれば、80万円ごとに何のリスクもなしに3万2000円ずつ儲かるのです。私は借りられるのなら1兆円でも喜んで借りますよ。

なお、厳密に言えば、預金をした先の銀行がつぶれたり、先物取引をした銀行がつぶれて予約が実行されないリスクはあります。ただ、ごく小さいリスクでしょう。

さて、私のような裁定者《さいていしゃ》（金利差を利用して利鞘を稼ぐ者）がたくさん現れると、何が調節されるのでしょうか？

先物のドル／円のレートが調節され、下がっていくのです。

ところで、学生さんに「ある先生の為替の教科書に、『円預金と先物のドル売りヘッジをしたドル預金、この2つは本来同じ利回りになるはずだが、もし利回りが異なった場合、途端に裁定者が出現する。裁定者の行動がドル金利とか円金利に影響を与える結果、この2つの利回りは同一になる』と書いてありましたが？」と質問されたことがあります。「裁定者の行動がドル金利や円金利に影響を与える？」——とんでもない。数式だけでみて、その先生はそう書いてしまったのかもしれませんが、ドル金利や円金利とかのマーケットはデカすぎてそんなことでは動きません。唯一、為替の先物レートで調節されるしかないのです。実務経験がないから市場規模の感覚がなかったのでしょうね。

話を戻します。ドル／円の1年先物のレートが79円まで下がっても82万9500円、まだ裁定者は儲かります。そこでドル／円の1年先物レートはもっと下がる。どこまで下がるか？　**「円で運用」しようが、「ドルで運用し、先物のドルを売って円で確定」させようが、同じ利益となるまで、ドル／円の先物レートが下がるのです。**

すなわち**円運用の80万円×1・01%と1万ドル×1・05×xが等しくなるところまで下がるのです。**80万円×1・01＝1万ドル×1・05×xで、xは76円95銭です。

つまり、1年先物のドル／円の先物レートは76円95銭なのです。

先ほどの例に戻ります。

トヨタは6月30日に10億ドルの入金がある。為替は今と同じ1ドル80円ではありません。80円という今の直物より低いところで決まるということです。

今の直物のレートより少し低くても、これで円貨での収入金額が確定するわけですから、トヨタは喜んで先物取引をするのです。

先物の仕組みがわかると何がわかるか
——①固定相場制の限界

この理屈がわかると、いろいろなことが理解できます。

ドル直物
1ドル＝80円

ドル1年物金利　5％
円1年物金利　1％
保有金額　¥800,000

円預金の場合
¥800,000×1.01＝¥808,000

ドル換金の場合
＄10,000×1.05×80＝¥840,000

おかしい？

↓（裁定者の参入）

¥800,000×1.01＝＄10,000×1.05×x

$$x = 76.95$$

最初にわかるのは、「固定相場制とは、いつまでも存続しないよね」ということです。私が、「ユーロは制度的に問題があるからいつまでも存続できない」と言い続けている理由がおわかりかと思います。

固定相場制とは何か。今、直物で1ドル80円なら1年後であろうが、何年後であろうが、直物はいつも1ドル80円ということです。先物取引などしなくても、いつでも80円でドルを売れるのです。ということは、何が起こるのでしょうか。

先ほどの円金利1年物が1％、ドル金利1年物が5％の例でお話ししましょう。

先物予約をしなくても、ドル預金をすれば、1年後に84万円の収入が確定するということです。1年後のドル預金元利金1万500ドルも、1ドル80円で売れるからです（1万500ドル×80円＝84万円）。円預金の80万8000円の収入より、間違いなく有利。何の不確定要因もありません。

皆さんが今、1年物のドル預金を躊躇するとしたら、それは1年後の直物の値段がわからないからでしょう。しかし固定相場制なら今、直物80円だったら、来年も、もちろん80円。為替で損することはないのです。それならば5％のドル預金ではなく、1％の円預金をするのは、よっぽどのアホです。ですから円取引をする人はいなくなってしまいます。

また、大勢の日本人がドル預金を選択すると、ドルの購入ラッシュが起きます。**固定相場制を維持するためには、政府・日銀は、その分、ドルの外貨準備を取り崩してドルを売り、円を買わなくてはなりません。**固定相場制の維持のためには、政府・日銀は大変な努力をしなければならないのです。

例えば1ドル80円の固定相場制なのに、ドルがどんどん下がってきた。78円になった。ドル買い／円売りの市場介入をして、ドル／円を持ち上げなくてはいけません。ただ、この時はまだいいんですね、日銀は売るべき円をたくさん持っているからです。足りなければ刷ればいい。

しかし、逆にドル／円が82円になったら苦しい。ドル売り／円買い介入をして80円をキープしようとしますが、売るべきドルには限度がある。今までに貯め込んだドルの外貨準備しか、原資がないからです。まさか日銀が、勝手にドル紙幣を刷るわけにはいきません。

日本には今、1兆1300億ドルほどの外貨準備（2011年10月末、外貨準備のうちの外貨保有額）がありますが、国民の大量のドル買いに対抗して売っていたら、ドルの準備預金はとたんに枯渇してしまいます。

それでは、固定相場制でありながら日米金利差がある状態で、日本人のドル預金を防止するには、どうしたらよいか？

日銀の金利政策の放棄しかありません。アメリカは景気がよくて1年金利は5％。一方、日本は景気が最悪だから金利をゼロにしたい。しかし、日銀は、円金利もアメリカと同じ5％にしなければならない、ということです。

そこで今、問題になっているユーロ問題。私に言わせれば、ユーロとは「壮大なる固定相場制の実験」なわけです。地域内でユーロを使っているということは、地域内固定相場制だということです。

ドル／円でいえば、日本とアメリカで、例えば『ドルエ』とかいう新通貨をつくって両国民がその紙幣を使う」のと、「アメリカではドル、日本では円を使うけれども、いつでも好きな時に80円という固定レートで交換できる」のとは、これは全く両者、差がない。同じことなのです。**ですからユーロは地域固定相場制なのです。**

今のユーロ問題に対して、「金融危機の結果だ」「銀行が他国の債券を買う際、きちんと審査しないからだ」「銀行員が貪欲すぎた」などといろんなコメントを聞きますが、この問題の本質は、「もともと固定相場制という無理なものをつくってしまった。その弊害が金融危機を契機に現れた」にすぎないというのは前述したとおりです。

今回、たまたま金融危機で問題が顕在化しましたが、金融危機でなくても、どこかでユーロは破裂する運命だったと思います。

存続不可能な仕組みをつくってしまったわけですから、「ユーロ問題」は解決が難しいのです。

先物の仕組みがわかると何がわかるか——②インチキトークの見破り

私自身が経験したことですが、怪しい証券会社の怪しいセールスマンが、「金利の高いオーストラリアドル建て債券の購入はいかがですか？　為替の方はヘッジしていますから、そちらは気にしなくて大丈夫です」というセールスをしていたのを聞いたことがあります。

ヘッジとはオプションを利用する方法もありますが、基本的には先物でのオーストラリアドル売りです。

これはインチキトークだということが、すぐにわかりますね。**先物でヘッジしたならば、オーストラリアドルで運用しようと、円で運用しようと、利回りは変わらないからです。**そうなるように、先物のオーストラリアドルのレートが決まっているからです。**ヘッジを**

しているのに高い金利を享受できるなどということはないのです。

それから私は昔、ハワイに土地を買った時に、為替でヘッジをしました。銀行からの借金手続などに時間がかかるのですが、ドル／円が上がりそうだったので、早くドル／円のレートを確定したいと思ったのです。そこで先物取引をしたのです。

この時のレートは忘れましたが、先ほどの事例で、私を担当した銀行員のインチキトークを説明します。ただ、この銀行員は悪気はなかったのだと思います。知識がなかっただけでしょう。なぜなら私がプロであることを知っていましたから、そんな基本的なことで私をごまかせるはずがないのは、十分すぎるほどわかっていたと思うからです。

直物が80円でしたから、その銀行のドルの公式売り値レートは81円でした。この担当者が私に言うのです。「公式には81円なのですが、本部に掛け合ったら80円10銭というスーパーレートで売ることができるようになりました。フジマキさんだからの特別レートです」。「何を言ってやがる」と思いました。私が買いたいと言ったのは3カ月先のドルの先物でしたからね。3カ月先のドルは78円50銭であるから顧客表示の80円10銭などは優遇レートでは全くない！

この銀行の担当者は、直物と先物のレートは同じだと誤解していたのでしょう。明らかに勉強不足です。

先物の仕組みがわかると何がわかるか――③ドル預金がいいか？　円預金がいいか？

皆さんがドル預金をする時には、通常、先物予約はしないと思います。先物予約をすれば円で運用したのと全く同じ利回りになってしまいますから、わざわざ外貨預金をする理由がなくなってしまいます。この点は、もう十分おわかりかと思います。そうなるように先物レートが決まっているからです。

ということで、皆さんは先物予約なしに外貨預金をすると思うのですが、円預金にしようかドル預金にしようか、悩むと思います。ドル預金の方が高いが、もし円高が進めば損をしてしまう、と。

例えば1年の預金を考えているならば、1年後のドルの直物レートがどのくらいになるかの予想で、円預金にするかドル預金にするかを決めると思うのです。

この時、多くの方は、今の直物を判断基準に考えると思います。

しかし、それは金利を全く考えていないので誤りです。本当の判断基準は、1年後の先物レートだということです。

先物レートは、円で運用したのと、ドルで運用したのと、同じ利回りになるように決まっているからです。1年後のドル先物が、それより高くなると予想するならばドル預金を選択し、それより低くなると思えば円預金を選択するべきです。

最低限、海外金融商品の優越を考える時には、為替だけでなく金利も考えて決定する、ということは覚えておいてください。

先物の仕組みがわかると何がわかるか――④ヘッジファンドはキャリートレードをしているか？

私は以前から、「ヘッジファンドはキャリートレードなどしていない。だからキャリートレードの解消もしていない」と言っています。

私も昔、テレビの情報番組「とくダネ！」でコメンテーターをしていた時、「ヘッジファンドを説明してくれ」とか「キャリートレードの解消とは何ですか。説明してくれ」という要請を受けました。主婦の方でもキャリートレードという言葉を使い、興味を持つ時代になったのだな、と思いました。

キャリートレードの定義は、「円キャリートレードというのは安い金利の円を借りて、高い金利の通貨、例えばアメリカのドル金利5％で運用する」ことです。ヘッジファンドはこれで儲けたと世の中の人は信じていますが、ヘッジファンドはそんなことをしていません。円をヘッジファンドに貸す人なんて、聞いたことがないのです。

少なくとも私はモルガン銀行支店長時代、ヘッジファンドに円なぞ1銭も貸したことがありません。銀行というのは元本保証のお金を預かって安全なところに貸すのが仕事ですから、ヘッジファンドのトレーディング用に円なぞを貸すわけがないのです。やっていないものは解消もできない。ですから「ヘッジファンドがキャリートレードの解消をするので、円買いが起こる」などという発言は誤解なのです。ワイドショーや新聞で大騒ぎしたのは誤解なのです。

ヘッジファンドは実際には何をしているのか？

それではヘッジファンドは何をしているのでしょう？

ヘッジファンドは為替の先物のトレードをしていたのです。

先ほどの例ですと、1年物ドル金利5％、1年物円金利1％ですから、直物80円の時、1年先の先物は76円95銭で取引されています。

この先物レートは、円とドルの金利差が開けば開くほど下がっていきます。

具体例でみていきましょう。例えばドルの金利が1年物20％、1年物円金利は1％。金利差は19％になったとします。

円での運用は80万円×1％で80万8000円。ドルでの運用は直物で80万円を1万ドルに換えて20％での運用ですから、1年後に1万2000ドル。円で運用した結果の80万8000円と、ドルで運用した結果の1万2000ドルの利回りが等しくなるように、1年先の先物が決まるわけです。そうしないと裁定者がアービトラージ（裁定取引＝利鞘を稼ぐ取引）をかける。

80万円×1・01＝1万ドル×1・2×xで、x＝67・33

こうして1年先の先物のレート、67円33銭が決まるわけです。**日米の金利差が4％から19％に広がったせいで、1年先の先物のドルは76円95銭から67円33銭に下がったわけです。**

極端な例ですが、1年物ドル金利が50％、1年物円金利が1％となり、日米金利差が49％に開いたら、どうなるでしょうか？　これを計算すると、1年先の先物のドルは53円86銭になります。この状態になったら、私がヘッジファンドだったら思いっきり、ドルの1年先物を買うと思います。53円86銭で、1年先の先物のドルを大量に買うのです。

最初に述べたように、先物とは「値段は今日決めるけれども、決済は後日（この例では1年先）」の取引です。値段は本日53円86銭と決めますが、決済、すなわち「円とドルとの交換」は1年後なのです。ドルを買うのに必要な円資金の調達は、1年後でいいのです。今は渡すべき円など持ってなくていいのです。

1年たちました。1ドル50円なんて言っている人もいますが、ちょっとね〜。しかし、直物の円がかなり強くなって、60円になったとしましょう。

1年間で80円から60円と円の直物はかなり強くなりましたが、1年前に買った購入価格53円86銭までは強くなっていません。したがって大儲けです。買う約束をしていた53円

① (1年物ドル金利 5% / 1年物円金利 1%) 金利差 4% 直物 80円

¥800,000×1.01＝$10,000×1.05×$x$　$x=76.95$

② (1年物ドル金利 20% / 1年物円金利 1%) 金利差 19% 直物 80円

¥800,000×1.01＝$10,000×1.20×$x$　$x=67.33$

③ (1年物ドル金利 50% / 1年物円金利 1%) 金利差 49% 直物 80円

¥800,000×1.01＝$10,000×1.50×$x$　$x=53.86$

86銭でドルを買って（決裁）、直物市場で即、そのドルを60円で売ります。1ドルにつき6円14銭の儲けなのです

1ドルを買うのに53円86銭が必要ですが、同日づけで売却したドルの「代わり金」60円が円口座に入ってきますから、円の調達も必要ありません。その日の私の円口座は、いずこからか円を借りてこなくても、ちゃんとプラスになるのです。

将来の直物のレートについては、いろいろな屁理屈をつけて上がるとか下がるとか予想しますけれど、当たるも八卦《はっけ》、当たらぬも八卦だとしましょう。

今、直物が1ドル80円。1年後に直物が上がっている確率が50%、下がっている確率も50%だとしたら、1ドル53円86銭以下に下がる確率はかなり低いですよね。1年後に50円とか40円になる確率ってゼロだとは思いませんが、かなり低いと思います。損をするリスクは低い。そうなればヘッジファンドは勝負をかけます。ですから無茶苦茶に先物のドルを買うのです。

その予想が当たれば大儲けできます。ヘッジファンドはそういう勝負をしている。**日米の金利差が広がる。先物のドルがすごく安く買える。儲かる可能性が大きくなる。だから先物を買うのです。**53円86銭で大量の先物のドルを買うのです。たしかに金利差の動きで

先物のドルを買ったり売ったりしていますけど、決してキャリートレードをしているわけではないのです。**金利差が広がれば先物のドルを買い、縮まれば先物のドルを売るのです。**

ところで、ヘッジファンドは儲けを出すために1年間、待つ必要はありません。

49%の日米金利差があったとして、2012年1月10日に1年後の2013年1月10日のドルの先物を53円86銭で買うとします。ところが米国の景気が急に悪くなり、ドル金利が下がってきました。

一方、日本の景気はよくなって、円金利は上昇してきたとします。急速に日米金利差が縮まってきて、2カ月後の2012年3月10日には、金利差が4%まで縮んできたとしま

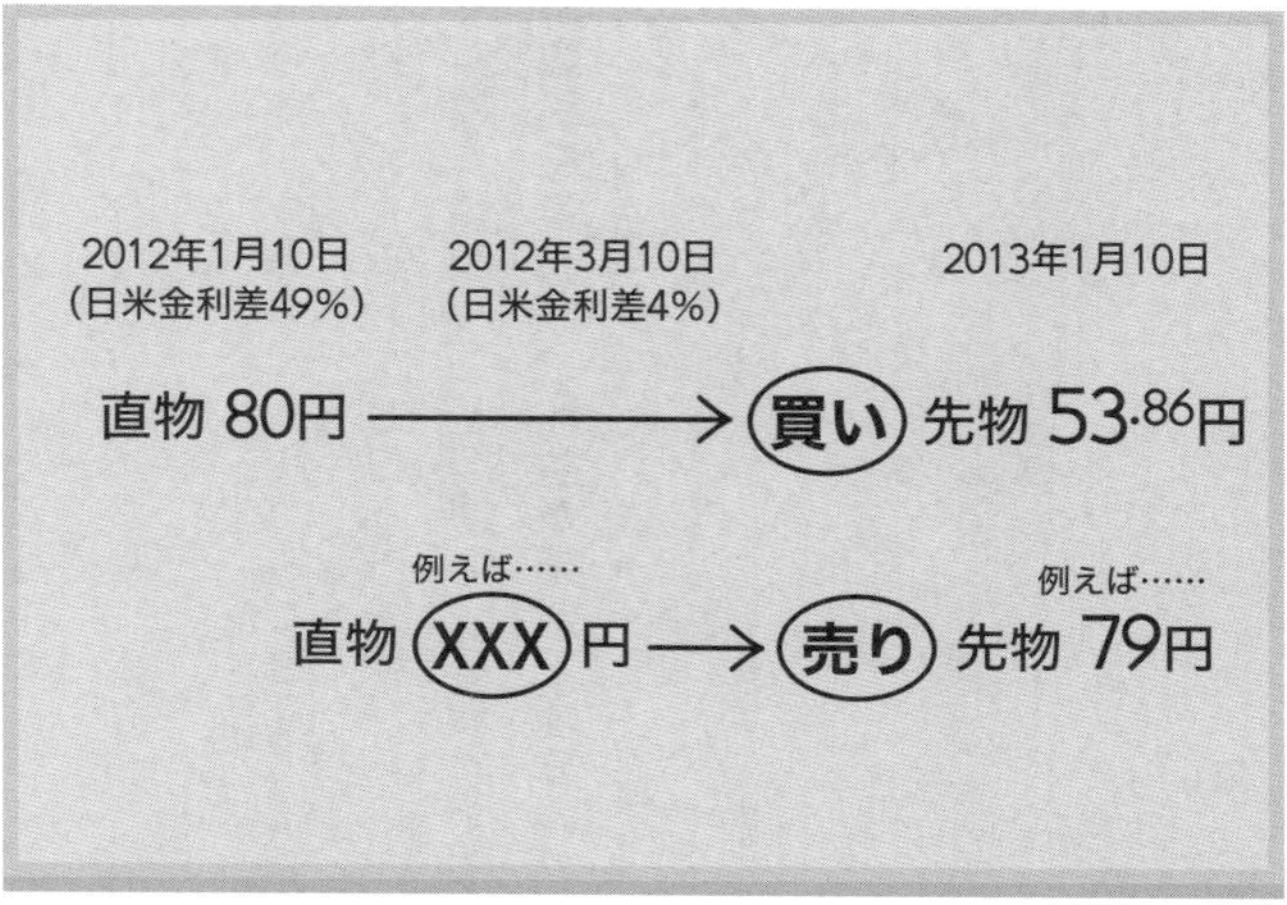

しょう。10カ月先（2013年1月10日）のドルは53円86銭から、かなり高くなっているはずです。3月10日の直物の値段によりますが、2013年1月10日の先物のドルは、79円になっていたとしましょう。

ここで、2013年1月10日の先物のドルを79円で売るのです。1月10日に53円86銭での決裁約束をしていたドルを、2013年1月10日付で売り返してしまうのです。これで、2013年1月10日に1ドルにつき25円14銭も儲かることが確定するわけです。**先物の日まで待っている必要はなく、途中で反対取引をすれば、利益が確定できるのです。**

要は、ヘッジファンドは金利差を利用して、このようなオペレーションをしているのであって、キャリートレードをやっているわけではないのです。

直物と先物の取引量はどちらが多いのか

為替の勉強の最初に、「個人は直物取引が重要だが、会社にとっては先物の方が重要だ」という話をしました。そう言うと、「そうは言っても、先物取引より直物取引の方が、取引量が多いではないか？」という反論が出てきます。

しかし、その反論は適切ではありません。

ある会社が先物取引をしたいとみずほコーポレート銀行に依頼してくると、それは必ず直物の取引を伴うからです。この詳しい仕組みは『マネー避難』（幻冬舎）の101ページ以降に書きましたのでご参照ください。ですから、直物の取引量には、「直物でドルを買いたい、売りたい」という直接的な直物取引の他に、先物取引から派生してくる直物取引があるのです。直物取引の取引量の方が多くみえても、「だから為替は直物取引が中心だ」とは言えないのです。企業の場合はとくにそうです。

日米金利差が縮まると、なぜ瞬時にドル／円が動くのか？

日本の金利がほぼゼロで一定の時、ドル金利が上がった瞬間に直物のドルがひょっと上がり、ドル金利が下落した瞬間に直物のドルがひょっと下がります。どうしてでしょうか？

一般的な教科書に書いてあるのは、ドル金利が下がれば、ドル資産での運用の魅力が減じる。だからドルを売って、資金を円に戻していくというストーリーです。「ドルが下がった時、ドル／円がどちらに動くでしょう？」という質問に回答する際、そう考えれば、わかりやすくなります。

しかし、実際には、そんな理由で、実需筋が瞬間的にドル資産を円資産に移すかと聞かれれば、そんなことはないでしょう。アメリカの昼間に金利変更があれば、日本の投資家など寝ていますし、為替以外のマーケットは閉まっているのです。多少時間をかけながらポートフォリオを変更することがあっても、そんなに瞬間的には行わないでしょう。それでもドル／円の直物は金利が変わった瞬間にポンと動きます。

それでは、実需家の資金移動を予想した投機家が動かしているのでしょうか？

統計をとって調べたわけではありませんが、現場経験からいえば、それ以上に、先物の動きのせいだと私は思うのです。

前述したように、日米の金利差が縮まったり広がったりする時、ヘッジファンドやその他の投機家が、瞬間的に先物で取引をします。その先物取引に伴う直物の動きが、直物を上下させるのだと思います。

先物の仕組みがわかると何がわかるか——⑤マイナス金利論

私のマイナス金利論はコラムで述べました。その際、１９９０年代後半に「外銀が東京マーケットでマイナス金利で儲けていた」という話を書きました。銀行間取引だけの話ですが、実際にマイナス金利が存在したのです。ここでは、どういう仕組みでマイナス金利が出現したかを説明いたしましょう。先物の取引の仕組みがわかっていないと理解不能ですから、コラムでは説明しませんでしたが、今はもう、皆さんは先物の仕組みがおわかりのはずなので、説明したいと思います。

先物の為替レートは、金利差で決まるとお話ししました。

今の直物が80円。1年物ドル金利が5％、1年物円金利は1％という仮定でした。この仮定の時の1年先のドル／円は76円95銭でした。

実は1990年代、ジャパン・プレミアムという現象が起きていました。日本の銀行には連鎖倒産するリスクがあるから「危険料上乗せの金利を払え」、すなわち「高い金利を払え」と他国の銀行が要求してきたのです。

もし、今後、日本で財政破綻のリスクが高まると、同じようなことが起きると思います。

話を戻すと、本当はドル金利は5％です。しかし、日本の銀行だけは5％ではなくて危険料を上乗せして7％払えとなっていました。この2％分がジャパン・プレミアムです。

ドル／円は日本の銀行がメインプレイヤーですから、日本の銀行が払う円金利1％と、ドル金利7％で、1年先の先物ドル／円レートが決まります。

計算すると、75円51銭になります。

ここで欧米の銀行は、何をやったか？

まず1万ドルを借りてきて、直物市場で80万円に換えておきます。借りてきたドルに関しては、欧米の銀行は危険料を払う必要がないので、5％の金利で済みます。日本の銀行のように7％も払う必要はないのです。したがって、1年後に元利合計1万500ドル返せばよいわけです。

ところで1年先のドル／円レートは、今75円51銭ですから、そのレートで先物予約をしてしまうと、1年後に1万500ドル×75・51円＝79万2855円の返済額が確定します。円口座をみてみましょう。80万円が当初入金されたのに、満期日には返済元利金として、79万2855円が出て行くだけです。通常、借金をすれば、満期時には金利を含めて当初の元本以上の金額が出て行くはずです。

しかしこの場合、借金をしたのに金利分が余計に出て行くどころか、少なく出て行くのです。借りただけで儲かってしまったのです。これこそ、まさにマイナス金利の世界です。

東京市場で、このやり方で一所懸命儲けていたのが欧州の銀行でした。

ただ、私はやりませんでした。米銀はバランスシートを使うような取引はやらないのです。バランスシートを使う時は、非常に大きなリターンが必要だったのです。米銀にとっては「保有資産に対し、どのくらい儲かったか」は非常に重要な指標です。リターン・オン・アッセットといいます。わがJPモルガン（当時）ではこんな低利のために資産規模を膨らませたら、犯罪者扱い（とは、ちょっとオーバーですが）でした。だから私はやりませんでしたが、あまりリターン・オン・アセットの数字を気にしない欧州系銀行は大いにやっていたのです。

マイナス金利というと、いかにも奇《き》天《て》烈《れつ》な感じがするかもしれませんが、実際に市場に

借入れ時の入金額

$10,000 × ¥80 ＝¥800,000

満期時の支払額

$10,000×1.05×75.51＝¥792,855
（1年先物レート）

¥7,145
口座に残る

マイナス金利は存在していたのです。私が十数年前からマイナス金利を主張して変人扱いされたのは、政治家を含めて為替の先物が理解されにくかったからかもしれません。私の行いが悪かったのが最大の理由でしょうけど（笑）。

為替はなぜ動くのか

為替は何を理由に動くかという話ですが、私の長い経験からもよくわかりません。私は為替の他に株や金利商品の取引をしていましたが、株や金利商品、土地は基本的にはファンダメンタル、すなわち日本経済の基本的動向を見極められれば、動きが読めます。景気が上がれば金利は上がり（国債の値段は下がる）、株の値段も上がり、景気が下がれば、株の値段も金利も下がる。基本的にはそこさえ間違わなければいいのです。しかし、為替の場合はよくわかりません、正直言って。

学者先生が、為替が動く理由を研究されていらっしゃいます。購買力平価説など、種々の研究は為替の動きの事後説明としてはいいのかもしれませんが、それらを研究したからといって、為替を予想するのは不可能です。これが実務経験からの結論です。

ただ、「最終的には為替は国力だ」と思います。ただ、そこに到着するまでの時間が長いのです。

国力が強くなれば為替も強くなり、国力が弱くなれば為替も弱くなる。イギリスが海外に植民地をたくさん保有し、世界を席巻していた時は、イギリスポンドはすごく強かった。例えばコートジボワール、象牙海岸を意味する名を持つこの国が今、なんという通貨を使っているのかは知りませんが、仮にコートジボワールがアメリカに次ぐ世界2番目の経済大国になったとしましょう。コートジボワールの通貨を世界中の人が買います。すると、コートジボワールの通貨は強くなります。

「国力が強くなればその国の通貨は強くなり、国力が弱くなれば通貨は弱くなる」、長い目でみればそれが大原則なのです。そうはいっても、弱い国力のはずの通貨、円が買われています。それがなぜかは、前に述べたとおりです。

しかし、いつまでも「おかしい状況」が続くわけがないから、「円の暴落は近いでしょう」とも述べたのです。

短期的には、日米の金利差がドル／円に影響するでしょうし、「貿易黒字の額」もかなり影響するでしょう。また「政治的圧力」「質への逃避」「介入の予想」などの理由で動くこともあります。何が為替に最も影響するのかは、その時々で違うのです。声の大きい人が勝つとでもいうのでしょうか。

ここで1つだけ触れておきたいのは、経常収支のことです。経済学上の恒等式でいうと、**経常収支＝国内貯蓄－国内投資**で表せます。

昔は貯蓄の提供者だった家計は、ご存じのように、今後はその役割を期待できません。日本人が高齢化しているからです。高齢者は貯蓄を切り崩す一方で、貯金する方ではないのです。

国は大赤字です。貯金どころではない。また現在、借金を返済するという行為で貯蓄の提供者だった企業も、景気がよくなったら資金需要側に返り咲くと思われます。そうなると貯蓄がなくなり、投資ばかりになります。恒等式からいって経常赤字に陥る可能性が十分高いということです。

経常赤字になったらどうなるか。日本国内で投資に必要なお金の提供者はいなくなるのですから、海外からお金を流してもらわなくてはなりません。

日本国債を海外に売り、お金を集めなければいけないということです。金利が低かったら、誰も買ってはくれません。今、日本の国債は95％を日本人が買っている。だから安心だという人（このロジックは債券先物市場の存在を考えたら、なんの気休めにもなりません）がいますが、逆の言い方をすれば、外国人は5％しか買ってくれていないということです。デフォルトの危険性があるのに、異常に金利が低いからです。**海外投資家に日本国債を買ってもらうには、長期金利がはね上がらざるを得ないのです。**

また経常赤字になれば、石油を買うためなどで「円売り／ドル買い」が起こり、円安も進みます。**国債を買ってもらうために長期金利が急騰するか、ドル不足で円が急落するか、またはその両方が起きるのです。**

円が安くなると、インフレになります。輸入インフレが起きるからです。インフレになれば、さらに長期金利は上がるという話でもあります。円も長期国債もバブルでいずれははじけると私が言う理由でもあります。

経常収支の大幅赤字化は、長期金利の高騰と大幅円安を意味するのです。

これは覚えておいていいと思います。

おわりに

私は近々、財政破綻で日本社会に大混乱が起こると思っています。社会がガラガラポンで大きく変わると思うのですが、そのガラガラポンをうまく乗りきった人には明るい未来が待っているはずです。

経済的には「大金持ち」が「貧乏な人」になり、「貧乏な人」が「大金持ち」になる時代の幕開けです。

この時代を上手に乗りきり、財産を守り、明るい未来を迎えるためには為替の知識が不可欠だと思います。

為替は、家を買う時、借金をする時、転職をする時、就職先を考える時、起業する時などでも、考慮すべき一大要素なのです。為替のことを知らずに、よく意思決定ができるな、と感心するケースにしばしば出合います。

先ほど日本は大混乱に陥る可能性があると書きましたが、その後、時間はかかるとは思うものの、大幅円安による経済の大回復が起きるとも信じています。「通貨危機で地獄に落ちた」と言われた韓国経済が、為替のおかげで大回復したのと同じです。

為替とは、個人の資産運用の観点からだけではなく一国の経済を観察する上でも、極めて重要なのです。政治家はもちろんエコノミストもマスコミも、今まで、その為替の重要性に気づいていなかったのが、日本の不幸だったと思います。

この20年間、財政政策、金融政策を極限まで発動してきたのに景気が低位安定してしまったのは、為替政策を発動してこなかったせいです。

私は長年、モルガン銀行で市場に携わっていました。その実績で同行会長から「伝説のトレーダー」と呼ばれ、当時の東京市場では唯一の東京支店長まで拝命しました。

私の仕事は、皆さんが想像するディーラーという仕事、つまりドタバタとお客様のために取引をして、手数料やら鞘をいただくという仕事ではありませんでした。

もちろん、若い頃は、そのような仕事をずいぶんやりました。マーケットは体で覚える、すなわち、ぞうきんがけが不可欠だからです。

しかし経験を積んだ後は、社内ヘッジファンドのような仕事を任されたのです。モルガンのお金を使って、モルガンのために稼ぐ。この種の仕事をしたのは、各支店の資金為替部長経験者という、ごく一握りの人間です。その中でも私は、世界最大級のヘッジファンドと同じくらいの金額で勝負をさせてもらっていました。

この種の仕事は、長期的視野に立った勝負となります。そうでなければ儲からないからです。景気が強くなると思えば、「株や商品や通貨を買い債券を売る」。逆に景気が弱くなると思えば、「株や商品や通貨を売り債券を買う」のです。要は景気当てゲーム（ゲームというと語弊があるかもしれませんが）なのです。

景気予想がスタート台という意味では、エコノミストと同じ仕事です。違いはその後、ガッツを必要とするかしないかです。

ちなみにドルとか株とかが予想通りに動いたといって「だから私はドルが下がると言ったでしょう。あの時、私の言うことを聞いておけばよかったでしょう」と、のたまう輩《やから》にはヘドが出そうになります。「予想をする」のと「その予想に基づいてアクションを起こす」ことの間には、思案橋という橋がかかっていて、これを渡るのには非常に大きなガッツが必要だからです。

そして、その決断が一番苦しいのです。

「ドルが下落すると思って、自分の財産を全部それにかけていた」という方の発言ならば、我々の間では英雄です。しかし、「ドルの予想が当たった」というだけで大騒ぎする輩には、「ば～か」と言うだけなのです。

話は脱線しましたが、この長期勝負をする時、すなわち景気を予想する時に、考慮することの1つは為替です。為替で儲けるのは大変なのですが、為替のことを知らなければ、株でも債券でも商品でも勝負できないのです。

当時、ヘッジファンドのオーナーと同等に交わり、彼らが仲間だと扱ってくれた日本人は私一人だと自負していますが、**我々の間では、景気予想において為替は極めて重要な役割を占めていました。景気が過熱している時ならいざ知らず、自国通貨がどんどん強くなっていけば、景気は下落します。そんなことは我々の間では当たり前の話でした。それが現実となっているのが、日本のこの20年なのです。**

ちなみにもう10年前の話ですが、早稲田大学で授業をした翌日、昔の部下のK君からEメールが来たことがあります。

「藤巻さん、かわせは為替であって替為ではありませんよ。藤巻さんの授業を知り合いが受けていまして、昨日、黒板に大きく替為と書いていたとの指摘がありました。本当にこの人、為替をやっていたんだろうか？　とふと心配になったそうです。えらくウケてはいましたけど」

心配無用です。

間違いなく私は、為替をやっていた人間で、この本はそういう市場人間である私が現場感覚を発揮して書いた本です。編集者の四本さんが漢字もきちんとチェックしてくれています。「為替の動向予想」や「為替に関する誤解の指摘」から「為替の基礎知識」まで書いた「為替尽くしの本」です。

海外投資家からMr.円安と称されたフジマキが大いに吠えさせていただきました。ほんの少しでも参考になれば、望外の喜びです。

二〇一二年一月

藤巻健史

本書は書き下ろしです。

藤巻健史（ふじまき・たけし）
1950年、東京生まれ。一橋大学商学部を卒業後、三井信託銀行に入行。80年に行費留学にてMBAを取得（米ノースウエスタン大学大学院）。85年米モルガン銀行入行。東京屈指のディーラーとしての実績を買われ、当時としては東京市場唯一の外銀日本人支店長に抜擢される。同行会長から「伝説のディーラー」のタイトルを贈られる。2000年に同行退行後は、世界的投資家ジョージ・ソロス氏のアドバイザーなどを務めた。1999年より一橋大学経済学部で非常勤講師として毎年秋学期に週1回の講座を受け持つ。現在、株式会社フジマキ・ジャパン代表取締役社長。「週刊朝日」で「案ずるよりフジマキに聞け」（毎週）、「日経ヴェリタス」で「フジマキの法則」（月1回）、連載中。
ホームページは http://www.fujimaki-japan.com/

なぜ日本は破綻寸前なのに円高なのか
2012年1月25日　第1刷発行
2012年2月5日　第2刷発行

著　者　藤巻健史
発行人　見城 徹
編集人　福島広司

発行所　株式会社 幻冬舎
〒151-0051　東京都渋谷区千駄ヶ谷4-9-7
電話　03(5411)6211(編集)
03(5411)6222(営業)
振替00120-8-767643
印刷・製本所：図書印刷株式会社

検印廃止

ISBN978-4-344-02122-8　C0095
幻冬舎ホームページアドレス　http://www.gentosha.co.jp/

この本に関するご意見・ご感想をメールでお寄せいただく場合は、
comment@gentosha.co.jpまで。